U0899829

从零开始学

微信运营与营销一本通

林文奎　等编著

机械工业出版社
China Machine Press

图书在版编目（CIP）数据

从零开始学：微信运营与营销一本通/林汶奎等编. —北京：机械工业出版社，2016.6

ISBN 978-7-111-53855-4

Ⅰ. ①从… Ⅱ. ①林… Ⅲ. ①网络营销 Ⅳ. ①F713.36

中国版本图书馆CIP数据核字（2016）第114647号

与微博的营销方式不同，微信营销更具有独到、亲民的服务特色。本书从实践出发，将从最基础的微信操作到如何策划营销活动、建设品牌和凝聚人气等诸多内容一一详细解读，让读者通过阅读本书将微信运营与微信营销完美融合，从而掌握最有价值的微信营销方法。

本书主要面向互联网营销从业者、产品营销人员以及正在做或准备做微商的创业者，即使是对微信毫无了解的“零人群”，也可通过阅读本书成为微信营销高手。

从零开始学：微信运营与营销一本通

出版发行：机械工业出版社（北京市西城区百万庄大街 22 号　邮政编码：100037）
责任编辑：夏非彼　迟振春
印　　刷：中国电影出版社印刷厂　　版　　次：2016 年 9 月第 1 版第 1 次印刷
开　　本：147mm×210mm　1/32　　印　　张：7.375
书　　号：ISBN 978-7-111-53855-4　　定　　价：29.00 元

凡购本书，如有缺页、倒页、脱页，由本社发行部调换
客服热线：（010）88379426　88361066　　投稿热线：（010）88379604
购书热线：（010）68326294　88379649　68995259　　读者信箱：hzit@hzbook.com

前 言

互联网改变了我们的生活，移动互联网使这一改变的影响更为深远。而基于移动互联网发展而来的社交媒体，改变了企业的商业运营。不管在何时何地，公交车、地铁站、饭店，尽是低头盯着移动终端的年轻人，查资讯、看视频、购物、游戏，他们玩得不亦乐乎。近年来，团购的崛起带来市场竞争的日趋激烈，电商们的广告投入直线上升，仅市场推广一项，就花掉了他们大部分的营业额。于是一些嗅觉灵敏的电商不约而同地把目光聚焦到日渐成熟的移动互联网市场。在 2013 年 3 月 31 日的深圳峰会上，马云对马化腾说："你的微信让我很紧张。"为了应对基于微信而生的移动互联网营销平台，马云用 5.86 亿美元买下新浪微博 18%的股份，与其展开了深度的战略合作。这也宣告了移动互联网时代运营争霸战的开幕。

张小龙曾经说过："我特别希望，微信能帮助到个人，让个人能发光。一个人只要有一点点想法，就可以有 100 个读者。哪怕一个盲人，只要有一技之长，比如按摩，也能通过微信找到他的 100 个顾客而生存下去。而这个盲人，也可以有自己的品牌，自己的粉丝群，自己的客户。”由于这是微信公众平台创立的初衷，所以开发团队并没有在使微信能够应用于营销的功能架构中设立障碍。越来越多的企业开始投身于微信带来的营销新模式，他们开发了公众平台，建立了品牌粉丝群，每天发发文章，推推广告，以为这样就是微信营销，其实距离成功还有很长的路要走。

当太阳从东方升起，新的一天来临，无数的上班族清醒过来，习惯性地打开手机，查看微信好友动态，浏览时政要闻，心满意足之后，收拾得清清爽爽地出门而去，穿梭于都市丛林的大街小巷……微信作为移动互联网的“超级入口”，已经打通了我们的“社交圈”和“生活圈”，为消费创造了无数的机会和可能。

对企业来说，微信拥有庞大的精准用户群，并把独立访客、手机号、E-mail 这些数据变成了鲜活的客户，其强大的交流功能可以完成从市场调研到客户管理、客户服务、销售支付、老客户维护、新客户挖掘等一系列工作，是当前最快速、最精准、最有效的营销手段。企业唯一要做的是获取用户的依赖，加深信任，加强黏度。企业开通公众账号，能够为用户提供从咨询到购买，反馈到二次购买的一切服务，可以低成本地把企业文化推广给上亿的微信用户。每个小企业都乐于创建自己的微信公众账号——微站、微店、产品展示和智能客服成功地帮助他们迅速地把企业的品牌、产品、咨询立体地展示到用户眼前。

对用户来说，微信公众平台大大降低了创业的成本。开通微信公众账号就像购买了一套精装修的房子，无须负担基础的装修成本，只需要发挥我们的创意，收拾一下，就能够拎包入住。创业者唯一要做的，就是用丰富的思想内容来吸引更多的目标用户，满足他们的消费需要。

微信作为一个新兴的销售载体，我们既然给予了它高度的期望，就要审慎地开发利用这个平台，从可持续发展的角度去研究它，不能滥用它宝贵的用户基础，推送那些令人烦不胜烦的商业广告，要珍惜平台的服务价值，避免这个“朝阳”营销载体过早衰亡。

本书结合现实，前瞻性地分析了企业微信运营的最新发展趋势以及这次变革将对各行各业的影响，简明扼要地向企业公众账号的运营者介绍了微信公众账号和个人账户的运营方法，并通过不同行业的典型案例，深入浅出地分析了微信营销模式不同于传统营销模式的显著优势。从零开始，向创业者、企业公众账号的运营者提供了系统的营销技巧，为当下庞大而懵懂的微信营销群体指明了道路。

本书在编纂的过程中，参考了大量有关电子商务、市场营销、微信运营的书目，适用于对微信运营抱有极大热情的企业管理者、营销策划人员、市场推广人员、电子商务从业人员、新媒体网络营销人员及互联网创业者。希望读者能在轻松愉快的阅读中，增广见闻，开阔视野，切中潮流，发散思维。

除封面署名作者外，刘霞、任凯、曾柯杰、郭煜荣、任建华、王京京、王伟、王彦新、谢国有、杨鹏林、于平平、张丽丽、赵正荣、张丽丽等人也参与了本书的编写，为本书收集了大量的资料，并且提出了许多合理化的建议。

编 者

2016 年 2 月

目 录

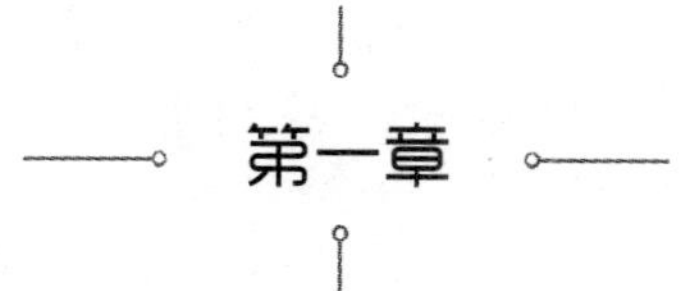

第一章

“微营销”是内容营销

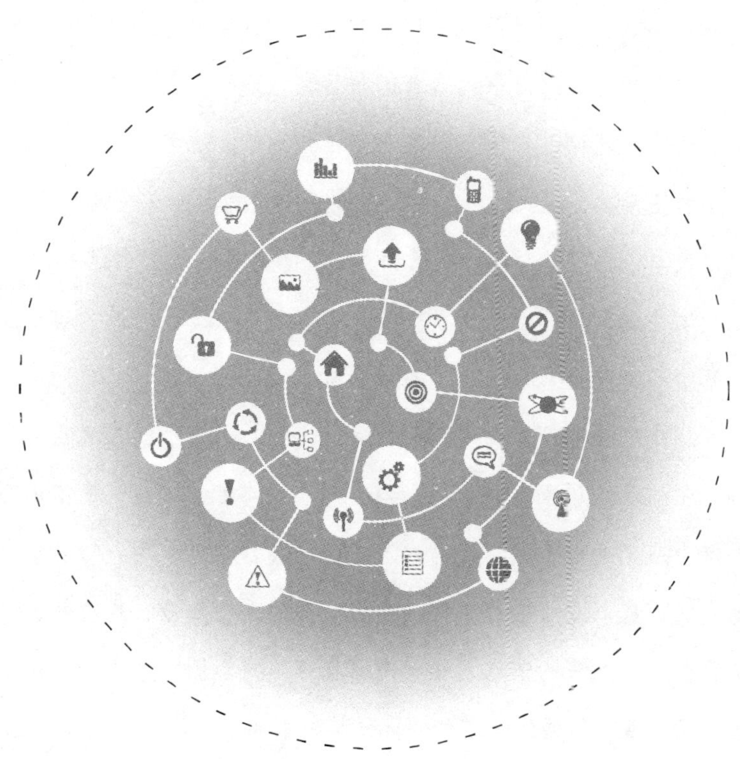

内容营销是通过文字、图片、音频等手段来解释并宣传企业品牌或企业产品的内涵，用以吸引用户关注，增强客户信心，最终促成交易的一种营销方式。微信内容营销与习惯于通过打断用户思考，依靠视觉、听觉手段硬性传递产品信息的传统营销方式不同，它通过微信的分享和协助功能，以解惑答疑的角度来向消费者传递有效产品信息。简单来说，以内容挂帅的微信营销方式，就是微信内容营销。

运营者通过向用户提供优秀的、可以解决一定问题的内容，在这些内容中不露痕迹地植入自己的产品信息或品牌信息，在帮助用户的同时，锁定与企业产品高度匹配的目标人群，以自然的方式在他们心中强化企业品牌形象，转化用户为客户，最终带来收益。微信内容营销的魅力在于通过人们对优秀内容的主动欣赏，吸引用户心甘情愿地帮助企业完成二次传播的工作，实现销售的乘法效应。内容营销的目的是营销，但关注的重点还在于内容本身，内容的价值高低决定了营销的成功与否，传播的渠道和载体只是外衣而已。

第一节
优质内容是传播的通路

目前，企业的微信推广有两种模式。第一种是选择具有广泛关注度和巨大影响力的“微信大号”，直接在其主页购买广告位来发布自己的广告或活动信息；第二种是在自媒体的推送内容中，软性植入产品或品牌信息。

由于市场中的“微信大号”没有统一的定价标准，企业在甄别这些“大号”的过程中又需要综合考量各方面的影响因素，所以存在着很多实际困难，为了解决这一问题，两个主流广告推广平台便应运而生。一个是微信官方推广平台。它以企业为广告主，自媒体为流量主。广告主可以通过官方平台定向投放广告，推广自己的服务。这些广告展示在流量主公众账号的底部，以文字链接或图片的形式出现。另一个是营销推广平台。企业可以利用流程化的任务平台来寻找可能被广告目标受众关注的自媒体，确定发布含有企业产品、品牌信息的软文，即时直达自媒体粉丝，也就是目标受众。这是一种非常精准的推广手段，它还可以针对目标受众发起活动，加强互动，提升企业的好感度。

由此，我们看到企业的微信运营完全寄生于自媒体，而自媒体之所以能够传播自己的信息、价值与理念，又要依托于精彩的内容。众所周知，自媒体区别于传统媒体，它有着自己独特的个性。内容是既定的，没有核心，想到什么就可以写什么，认为有价值就可以分享。一些优秀的自媒体文章有时可能分享一些出格的观点，并不太在意读者的感受，而这些文章的字数往往不会超过一千字，读者几分钟就可以轻松地阅读完毕。文字、图片、音频等都只是内容的载体而已，内容本身的可读性、趣味性与实用性才是自媒体或者说微信公众账号运营的关键。

我们今天所处的互联网是一个相对开放的平台，微信自身虽然是私密封闭的，其平台却是相对开放的。这得益于数字科技的长足进步，我们的信息传播方式终于摆脱了时间和空间的束缚，跨入即时通信时代。今天的企业可以利用公众账号随时随地把产品信息传播给目标受众，目标受众也可以随时随地对企业信息进行反馈。微信把企业和目标受众紧密地联系在一起，大大地缩短了他们之间的距离，这种强大的交互效应令所有的传统媒介望尘莫及。

在消息推送的过程中，文章的内容质量决定了一切，企业的微信公众账号只要拥有足够精彩的内容，就能轻易获得优质的传播渠道，即目标受众及其自身的社交网络，不然的话，只能沦为“哑巴”——如果目标受众听不到“声音”，还能称得上“媒体”吗？企业做微信运营，首先要对自己的微信公众账号有清醒的认识。每天发布的内容影响力如何？有什么人在关注？内容对读者产生了什么影响？微信公众账号的粉丝量、粉丝活跃程度、留言、评论、评论的数量等很多方面都可以体现出推送内容的影响力。通过仔细观察企业微信公众账号的传播渠道，就可以知道有什么人在关注企业，至于内容对读者的影响，要看内容自身的价值。比如，喜欢文学的读者必然会关注推送文章的“大号”，而“大号”天天发文章，肯定会影响热爱文学的一大群人。

企业公众账号的推广，对于大部分中小型企业来说，一直是个难题，特别是其中的本地化推广，更是难上加难。究其原因，不外乎以下几点：一是企业本身所在的行业不适合或者不需要这种方式的推广；二是公司的线下品牌推广和活动宣传没有及时有效地衔接线上推广；三是企业在运营的过程中出现了比较大的问题，如公众账号的应用定位不合理，或是没能与线下活动衔接起来，者如此类，不胜枚举。须知企业公众账号的推广涉及方方面面，对自己没有一个明确的定位，就很容易出现跟风现象，一时的头脑发热，只是白白浪费人力、物力和财力而已。

不同的企业有不同的市场定位，不同企业的公众账号就应该有不同的内容。须知微信公众账号的影响力是有很大弹性空间的，与其内容质量高度相关。企业公众账号发布的内容越有价值，吸引的粉丝就越多，而拥有的粉丝越多，得到的关注和转发量就越多，影响力就越大，这个过程和“滚雪球”是一样的概念。

第二节
服务是企业“微营销”的核心

就像电线杆被发明之初绝对不是“贴小广告者”的营销工具一样，腾讯官方强调的“微信不是营销工具”与其说是一种定义，不如说是一份免责声明。关于微信作为一种新出现的通信工具究竟是不是可以帮助营销的问题，其答案不在于官方定义说了什么，而在于工具自身的特性和应用者的聪明才智。

到目前为止，绝大多数的营销者在想到“微信营销”时，还持有“吸引粉丝”、“提高转发量”、“推送广告”这些刻板的老旧印象。他们认为，微信是兼具了“传播”和“展示”两大功能的神器，所以一心奢望粉丝们心甘情愿地分享转发自己推送的内容，复制那些“大 V”们在微博营销时代创造的神话。这其实是对微信营销的一种误解。

这种错误的理解广泛存在，并最终导致了严重的后果。在 2013 年 7 月初召开的腾讯合作伙伴大会上，微信产品部总经理助理曾鸣明确表示“微信公众账号不能作为营销渠道”，并对微信 5.0 的更新做出了说明：“企业类的服务号信息能够停留在用户的聊天会话列表中，每月只能推送一条信息，下发信息可及时提醒用户；而自媒体类的订阅号将被统一折叠到二级列表中，每天可推送一条信息，但不再提醒用户。”微信 5.0 发布这样严格的群发管制规则，让很多公众账号尤其是信息被折叠到二级列表的自媒体公众账号几乎面临前途尽毁的局面，这引起了自媒体人极大的恐慌和抗议。

但如果用户群体总是受到推送连绵不绝的骚扰，一定会大面积地取消对公众账号的关注，这就难免要对企业微信模式本身造成不可挽回的打击。微信 5.0 对群发的严厉管制，是微信团队的一次自救。它不但没有宣告微信营销时代的结束，反而为微信营销模式指明了方向，其意义在于告诫企业微信营销团队，不要用内容推送去骚扰用户，因为这种行为无异于杀鸡取卵，自毁前途。

微信作为一种新兴的即时通信工具，具有三大不容忽视的优势，可以为营销所用。

首先，作为移动互联网产业的标志物，智能手机第三方应用程序的推广竞争已经白热化，用户下载应用程序的成本越来越高，除了那些特别知名的、流行的、日常使用的应用程序，用户对新的应用一般不会轻易尝试下载安装。微信作为手机、平板电脑等智能移动终端的标配，已经成功占领数亿用户的移动终端，成为用户不可或缺的通信工具。对急于打开市场的企业而言，微信拥有着庞大的目标受众群，是天然的信息展示载体。

其次，微信公众账号端拥有非常强大的处理功能。微信曾经成功推出过多款内嵌浏览器的手机网络游戏，内嵌浏览器的技术已经非常成熟，它的功能完全可以满足企业产品展示的要求，为企业带来灵活多变的广告手段。只要运用得当，企业微信公众账号可以成为广告宣传的“电子彩页”。

最后，用户“关注”某个企业的公众账号，说明他对该公众账号背后的企业品牌或产品抱有浓厚的兴趣。这种主动获取信息的心态十分难得，只要企业销售人员能在第一时间反馈用户需要的信息，就能轻而易举地完成“拿下客户”的第一步。

如果有一种营销工具，它拥有了绝大多数的用户移动终端，占领了用户全部的碎片时间，同时可以向企业提供丰富的信息展示功能，在第一时间响应用户的关注点，它只能是微信。总而言之，微信作为一种新兴的即时通信工具，对企业的品牌推广和产品营销都有着极大的帮助，但我们绝不能简单地视其为推送广告的捷径，应该把它当作帮助企业完成与目标受众有效沟通的载体，强调其枢纽作用。

如果现在谈企业微信营销还谈如何做广告推送，那就彻底 OUT 了。微信是一种强载体，用户既不会企图对着空白的页面与企业公众账号进行沟通，也不会满意企业推送的那些掺杂水分的文章。它的营销意义应该在于，普通用户只要关注了企业公众账号，就可以在第一时间得到他需要的产品信息。

微信公众账号提供了“自动回复”的功能，即在用户关注某个公众账号之后，由系统推送给用户简单的文图消息，当用户输入特定的某个字符之后，系统自动反馈相关内容给用户。这种简单的方式给操作者带来了便捷，打造了微信公众账号产品营销的雏形，支持简单问答和即时对话的微信机器人据此应运而生。譬如，一个教育类的公众账号可以实现这样的自动回复功能：用户输入指令，系统回复问题，用户如果回答正确，系统自动进入下一个问题。这就是成功使用微信功能的范例，让用户自主获取感兴趣的内容，增加了企业和用户的互动，可用于吸引大批粉丝。

截至 2013 年 7 月，微信已拥有 100 万公众账号，其中认证账号超过 4 万，70%为企业账号；截至 2014 年 12 月，微信公众账号突破 800 万大关。在数量如此庞大的公众账号里，企业公众账号是尤为突出的一大类。由于不同的企业有不同的服务模式，对微信公众账号功能有着复杂的需求，往往会针对编程接口进行二次开发，在微信上建立自己的网络门户。例如，携程旅行网的公众账号采用了自定义菜单模式，用户在关注之后，可以直接通过微信来完成酒店和机票的订购。目前，这一类别的公众账号模式在试水之后，已经面向市场全面开花，涉及电商、餐饮、旅游、保险等行业的大部分企业都采用了这一模式。它们大都在依靠传统宣传手段取得粉丝之后，安静地等待用户的主动寻找，很少推送信息。

这种以服务为核心内容的营销模式才是企业依靠微信来做推广的正确方向。须知微信营销的重点，不在于“销”而在于“营”，片面地追求粉丝数量和宣传力度，只能堵死自己的路。通过利用微信这一强大而温和的销售工具，建立自己的平台，找到服务的通路，真正满足客户的需求，让客户心甘情愿地在“朋友圈”分享账号，实现微信的爆炸性传播功能，长期稳定地经营下去，才是制胜之道。

另外，值得特别注意的是，企业公众账号的推广方式有较多的局限。企业的公众账号代表着企业的官方身份，因此要保持企业的正面形象，不能通过非常规的宣传手段来进行推广，要规避负面新闻，向企业员工、广大客户以及受众提供正能量，传播积极向上的价值观。所以，企业公众账号的推广不能急于一时，要靠始终如一的优质服务，一步一步积累口碑。

第三节 微信内容营销的六个步骤

先要了解什么是内容营销，内容营销是一种通过文字、图片、音频等手段来解释并宣传企业品牌或企业产品的内涵，用以吸引用户关注，增强客户信心，从而达成交易的一种营销方式。微信内容营销与习惯于通过打断用户思考，依靠视觉、听觉手段硬性传递产品信息的传统营销方式不同，它通过微信的分享和协助功能，以解惑答疑的角度来向消费者传递有效产品信息。简单来说，以内容挂帅的微信营销方式，就是微信内容营销。运营者通过向用户提供优秀的、可以解决一定问题的内容，在这些内容中不露痕迹地植入自己的产品信息或品牌信息，在帮助用户的同时，锁定与企业产品高度匹配的目标人群，以自然的方式在他们心中强化企业品牌形象，转化用户为客户，最终带来收益。

微信内容营销的魅力在于，通过人们对优秀内容的主动欣赏，吸引用户心甘情愿地帮助企业完成二次传播的工作，实现销售的乘法效应。内容营销的目的是营销，但关注的重点还在于内容本身。内容的价值高低决定了营销的成功与否，传播的渠道和载体只是外衣而已。在内容营销的时代，内容站在产业链的上游，成为强驱动力，媒体渠道的价值自然被弱化，现在，能够产生内容具有持续生产力的平台或个人都可以做内容营销。有机会就有竞争，内容营销快速崛起，并没有形成可供借鉴的成功模式，所有问题的答案都需要通过实践去摸索，如果做得不好，甚至会产生负面影响。如果发送的内容没有个性，没有定位，没有目标客户群，就是完全没有价值的东西，这种东西不但不能吸引用户，反而会使用户心烦，让用户对账号“取关”。优秀的内容营销呈现在用户的眼睛里，应该是活的，是丰富多彩的，是聚焦偏好的，用户不会想到要讨价还价。

做好微信的内容营销，需要做好以下六个步骤。

第一步，要找到利基市场。

所谓的利基市场，是指那些被拥有绝对话语权的优势企业忽略掉的细分市场，或者说小众市场。准确找到属于自己的利基市场，就可以避免和优势企业的正面竞争，节约机会成本。

第二步，要做好人物角色的分析。

内容营销是从对人物角色的分析开始的。内容是做给对产品或者服务有需求的目标群体看的。通俗地来说，这一目标群体就是买家。在市场中，各种各样的人都有可能是我们的买家，做买卖不可能只针对同一类人，即使是同一类人，他们也会有不同的需求。要知道自己的用户群是谁，他们需要什么，这样才能有针对性地展开内容制作，使营销变得更容易成功。人物角色的分析工作，就是研究用户需求的过程——用户需要什么，就提供什么，而不是有什么，就向用户推销什么。假设一家专门销售女用踝靴的电商，我们可以把对踝靴有需求的女性顾客进行简单分类。如果以年龄为标准的话，大致可以分为少女、青年女性和中老年女性。这三类人群，她们对踝靴的需求明显是不一样的。比如，少女追求的是流行款式，青年女性更注重品牌，而中老年女性更关心材料和舒适度，这就是不同人物角色的不同需求。只有针对这些需求制作不同的内容，才能够提高“从用户到客户”的转化率。

总而言之，每一种人物角色都有自己的需求，需要深入观察，仔细分类，找到各种人物角色关心的话题，作为内容规划的依据，需求类型分得越细，制作内容时的规划方向就越明确。

第三步，要做好内容规划。

好的内容规划就像地图一样在制作内容的时候给予指引，避免迷失方向。内容规划的项目表上，有三个维度不可或缺，人物角色、购物阶段和内容形式。简单来说，就是什么人，他有什么需求，我们应该针对这一需求制作什么内容。这一内容规划是可变的，应该根据进度随时进行调整。

第四步，选择内容营销的类别。

明确了人物角色和制作方向后，就可以开展内容的制作了。企业公众账号的营销内容可以总结为以下七种。

（1）信息播报型的内容。这一类型的内容包括热点型内容和时效型内容。热点型内容是指那些在某一时段内搜索量急剧升高、人气“爆棚”的热门消息或事件，合理利用热门消息可以迅速提升文章点击率。可以在搜索引擎的热门事件排行榜上寻找这些内容；时效型内容是指那些在特定时间段内具有最高价值的内容，现在营销者越来越重视时效型内容，希望可以最大化地利用时效性把有价值的内容展现给用户。

（2）故事型的内容。给用户讲故事就相当于在用户的心中播种，是一种积累企业品牌资产的有效手段。讲故事的过程就是一个被用户发现、被用户了解、和用户建立联系、获取用户信任以及与用户交换资源的过程。故事的内容可以是品牌型的、传播型的、风格塑造型的，甚至可以是那些宣扬传统美德或以小见大的寓言。

（3）持续型的内容。持续型的内容区别于时效型的内容，内容的含金量不受时间段的制约，不会随着时间的改变而改变是明显特征。持续型的内容是营销内容的中流砥柱，它不同于流量内容，看过即忘，是拥有长期寿命的存量内容。举例来说，新闻是有时效性的流量内容，百科词条或者学术论文则是可以反复利用的存量内容。

（4）促销型的内容。促销型的内容是指在某一时间段内商家策划促销活动而产生的营销内容，营销者针对消费者的消费心理和产品需求来制订促销方案，内容中一般包含大量的优惠信息，抓住人们贪小便宜的普遍心理。这类促销比较适合代购商品、日用品、快销商品、标准化商品等，因为是生活必需品和稀缺商品，直接推销即可。值得注意的是，在推送这种促销信息的时候，要合理安排内容和发送频率，对于经常搞促销的商家来说，高频率信息推送，容易引起粉丝的反感，效果和影响都会大打折扣。

（5）专业知识型的内容。专业型的内容是针对某一领域或者行业的技术性总结，其内容往往需要有较高的含金量，属于可以反复利用的存量内容。一般来说，专业型内容是可以给用户带来帮助的，比较适合母婴、保健、成人、家居、户外、汽配等种类的商品。因为客户在购买和甄别这些商品的过程中往往需要区别于生活常识的专业知识。这类文章的内容具有较高的可读性，更容易被用户接受。

（6）关键词匹配型的内容。商家通过软文针对自己的产品进行详细描述和解说，向用户重点介绍产品的价值和优势，只是基本层面的产品宣传手段。高级的内容营销应该为目标客户群营造适合的产品氛围，塑造品牌形象和提升品位，去商品化，达到无声胜有声的境界。比如，销售高端价位的女装，就应该匹配文艺小资的产品氛围。

（7）用户评价型的内容。这类内容往往是消费者比较重视的部分，通过了解别人使用产品的感受，确定自己的消费方向。商家宣传一万句，不如用户说一句。这一句就是常见的成功案例和用户评价。

第五步，要做好内容的发布和推广。

在完成内容制作后，不能仅仅依靠自己的渠道进行发布，还需要有第三方平台推广。一篇好的文章只有投稿到知名的行业网站，才能吸引到客户，带来流量和品牌曝光。

另外，还要注意内容输出的节奏，成批的内容制作完成后，不能简单地成批推送，要学会试探性地推送，一边推送一边观察，学会调兵遣将。

第六步，要做好监测和跟进。

如何监测内容营销的投入产出一直都是困惑营销者的难题，一般只能从部分硬性指标中看到片面的营销效果。指标是分析和检测的重要工具，常见的指标有流量、跳出率、词指数、评论数量、转发数量以及点赞数量等。其中值得注意的是，在内容发布之后，不能对其不闻不问，放任自流，应该及时观察用户的反映，对评论的走向进行跟进和维护。如果发现敏感信息或者负面评价，要及时沟通，化解危机。

总而言之，内容营销不仅是表面上做好创意实现传播，它的背后埋藏着一个整体性工作循环链条。大体上按照"前期人物角色分析——中期内容规划、制作、投入使用——后期效果评估和维护"的流程周期性循环（环与环之间的工作相互重叠累加）。只有通过精心策划、谨慎布局才能促成良好的结果。如今，属于内容营销的时代已经来临，无论是企业还是自媒体人，如果不能在产品和品牌的营销过程中找到内容和销售之间的平衡点，必将面临失败。

第四节
微信内容营销的战略展望

微信的内容营销与传统的营销方式不同，它是一种不要求运营者使用广告和推销手段，就能够把信息传递给客户的营销方式。企业公众账号的内容营销，通过文字、图片、音频、视频甚至活动，把目标用户需要的信息提供给他们，而不是依靠产品或者服务的推销套话。

各行各业的内容营销已经深入到市场营销的各个方面，品牌企业已经更加了解他们的消费者，拥有更加成熟的营销策略，把重点聚焦到每一个消费者身上，更加专注于个人服务。新的时代，要求企业和客户建立长期稳定的联系，而不是稍纵即逝的接触。消费者才是权力的中心，消费者自己来决定他们喜欢什么文章、参与什么活动和分享什么内容，企业要做的就是在合适的地点创作合适的内容来满足消费者需求。内容营销的微信大战已经打响，每一个对市场有企图心的企业都应该借着这股东风去制定战略。

内容营销有十大发展趋势值得特别注意。

（1）营销以人为本。基于移动互联网终端的普及，企业将更加了解客户，通过更便捷的通道关注用户的兴趣和偏好，以便在对的时间向对的人提供对的内容。

（2）大品牌专注内容管控。随着科技的进步，企业通过多种多样的渠道制造大量内容，如何做好内容管控成为工作的重中之重。企业品牌对一些灰色营销将采取零容忍的态度，这在金融保险领域表现得尤为明显。

（3）创造品牌内容的体验平台。企业将抛弃依赖社交网络推送信息的营销模式，为用户提供更多的内容体验，以优质的服务吸引消费者。

（4）寻找优秀的内容编辑。伴随着企业互联网内容销售的展开，会带来大量“数据分析师”、“内容编辑”、“企业成长故事讲述者”等的职位需求。

（5）企业公众账号的运营者将成为新的业务增长引擎。

（6）靠个人主义占领未来市场。在未来，企业公众账号的运营者需要特别注重年轻一代彰显个性的文化需要，根据他们的兴趣、地位和消费能力来制订营销计划，以便获得市场，建立新一代消费者对品牌的忠诚观念。

（7）内容营销和客户关系管理相融合。随着企业微信营销工作和目标客户的深入对接，市场将进行进一步整合，提供功能二次开发的技术供应商在其中的作用尤为重要。

（8）带来市场整合。随着市场竞争的日益激烈，同领域内规模较小的平台会被整合，真正的技术创新会把行业领导者和掉尾车区分开来。

（9）视频会发挥更大的作用。用户上传视频的过程更加便捷，甚至能够实时与观众保持互动，大大提高了粉丝参与度和活跃度。

（10）内容交流是重中之重。各品牌都可以通过集中而广阔的平台创建、发布、共享内容，灵活展开协作。通过这些交流，运营者可以知道内容是否被用户认可以及为什么得到认可。

“连接企业的另一种可能”，是腾讯微信对企业公众账号的官方定义，体现着微信“人与企业的连接”的战略企图。腾讯的官方认为，企业账号不仅仅是内部沟通的工具，运营者应该学会把企业账号和服务号、订阅号联系在一起，使微信成为企业应用的入口。甚至有人认为，企业公众账号的诞生对企业而言不亚于乔布斯“重新发明手机”。当李彦宏还在感叹“企业级软件将是一个大市场”时，微信已经通过企业公众账号功能的二次开发，优雅地绕过了战场，它能够实现企业内部、上游供应商、下游分销商的全连接，它能够实现企业信息的统一出入口，它为企业信息的内部交换提供了平台，它能够支持视频会议，它能够简单地连接应用程序。腾讯微信为企业提供免费的公众账号和维护服务，比开发应用更能节约时间和成本。

企业内已有的应用系统往往有着更为完善的功能，已经能够满足企业管理的需要。这些系统是企业公众账号得以运行的后台，企业公众账号是这一后台的补充和延伸，是接触目标用户的前端。在设计前端功能的时候有三点值得特别强调。

第一点，注重用户体验。现在的移动互联网用户已经使用过很多网络产品，有过极致的用户体验，很容易对传统落后的管理软件产生不满。企业在确定应用功能的时候，必须把目光放长远，考虑用户体验，坚持“用户第一”的原则。

第二点，最小化模块。要实现用户操作的最简化，一次做好一件事，尽量压缩功能模块，追求颗粒化设计。

第三点，以阅读、基础功能为主。受到移动用户端的限制，在进行功能设计时应以阅读和实现基础功能为主，那些较为复杂的功能，操作烦琐，可以通过媒介来实现。

另外，在企业公众账号的个性化开发中，有两个问题要特别注意。一个是要设置免打扰功能。如果不分时段地推送信息，或者消息推送过于频密，会让用户产生厌烦情绪。我们不能要求每个人都是工作狂，或者每个人在每一时段都方便接收信息，可以考虑设置免打扰功能，允许用户设置免打扰时段。另一个是要对数据安全进行加固。就现阶段来说，无论是微信的登录机制还是后台对接机制都还很安全。

腾讯官方声称，未来的企业公众账号，将拥有更加宽广和低门槛的应用市场，开辟更加多元化的通信途径，大多数企业都会拥有更加专业、更加个性化的服务平台，凝聚庞大的开发群，即使移动设备消失了，微信作为一种生活方式还会继续下去。

第五节
教育行业的“微营销”策略

经过多年对市场和产品的观察及研究，从事教育培训机构线上营销的运营者终于树立起正确的营销观念——在线教育的营销使命并不是办学，而是要为教育培训机构提供营销服务。

在线教育营销机构不仅十分关注互联网对教育培训行业的作用，而且敏锐地注意到移动互联网可能对教育培训行业产生新的影响。他们观察到很多教育培训机构已经认识到微信的作用，设置了自己的企业公众账号，并且拥有数量庞大的粉丝，但是没有哪家公司有能力运用微信公众平台来开展营销。通过仔细分析，他们发现教育培训机构的微信营销主要存在两个方面的问题。

首先，教育培训机构误解了企业微信营销的内涵，错误地把公众账号当作推送广告的通路，每天不厌其烦地向用户推送消息，惹得用户非常烦躁，干脆对其取消关注。当腾讯官方针对这一现象出台限制措施后，他们只好沮丧地表示“这下微信营销没戏了”。

其次，有些教育培训机构虽然拥有公众账号，但是并没有设置有效的内容，致使他们的粉丝在兴冲冲地加关注后，打开菜单看到的是一片空白。这样的公众账号没有及时向用户提供需要的产品信息，令人大失所望。要知道，用户有主动获取信息的倾向已经非常难得了，他们不会愿意和冷冰冰的机器沟通，有的用户甚至不知道这片空白还能沟通。

这样严重的两个失误普遍存在于教育培训行业的公众账号中，致使他们在移动互联网终端的线上营销中错失良机。

其实，微信营销在教育培训行业的线上营销服务中有着天然优势。

首先，在教育培训机构的招生环节中，家长和学生会拿出大部分的精力向机构反复咨询服务的细节。对那些身陷激烈市场竞争的企业来说，每一个获得家长和学生咨询的机会都是极其宝贵的。通常来说，大多数用户更喜欢在线咨询而不愿打电话，即使在迫不得已的情况下打了咨询电话，也不愿意面谈。而微信作为非常廉价便捷的即时通信工具，可以有效利用客户的碎片时间，降低他们咨询的心理成本。

其次，如果一家教育培训机构希望客户接受其提供的教育培训服务，就必须向客户充分展示自己的竞争优势，向客户提供足够的信息。传统的营销手段要么散发传单，要么刊登广告，并不能满足教育培训机构的宣传需求。他们的目标客户群即便拿到传单，也不会仔细阅读内容；即便看到广告，广告的信息量也是有限的。能够提供多种功能的微信平台则与这些不同，只要目标客户群能够成功关注企业公众账号，微信就能够提供全部课程信息、师资详情、优惠活动，甚至交通地图等消费者关心的方方面面，能在第一时间引导客户报名选课。

最后，接受教育培训服务的消费者，无论是接受基础教育服务的人群，还是接受职业教育服务的人群，都呈现非常典型的集聚现象。比如，二级建造师的考生容易结成建造师微信群，小升初的学生家长容易形成家长微信群，这些微信群都非常活跃，一旦某一位成员在某家教育培训机构得到了良好的服务，就会马上把消息散播在圈子里，这种效果其他行业难以企及。比如，消费同一品牌化妆品的女性不会想到专门建个群来讨论使用效果。微信在教育培训行业的广告传播中有着天然的优势。

可以想象一下，那些正在苦等孩子放学的家长百无聊赖，忽然发现某基础教育培训机构在学校门口新树立的广告牌，广告词写得新颖漂亮，很可能就会去扫描其二维码，对该机构的公众账号添加关注。关注之后，课程内容、师资详情、套餐优惠等尽显眼前，动动手指就能向课程顾问深入咨询，如果不喜欢的话，也可以很方便地取消关注，不会受到任何骚扰，完全没有咨询的心理成本。如果你是家长，比起那些没有多少内容的传单，或者来路不明的推销电话，会不会更喜欢这种能够自己做主的咨询方式呢？

教育培训机构向客户提供的是服务，这就决定了它的微信营销策略与其他向客户销售产品的行业不同，并不追求粉丝的数量。营销的重点在于利用微信与粉丝的零距离沟通，充分展示自己雄厚的实力和优质的服务。以粉丝带粉丝，以评价树口碑。微信的应用不仅限于最初的营销阶段，还可以深入教学服务，实现客户关系管理功能。教师可以通过微信与学生建立教学关系，班主任可以通过微信与学生家长建立服务关系，这对教育培训机构树立良好的口碑有极大的促进作用。虽然实现对客户关系管理的功能还需要腾讯官方开发更多的端口权限，但针对公众账号功能的二次开发，建立服务平台，与腾讯官方的战略方向是一致的。

公众账号的内容营销技巧

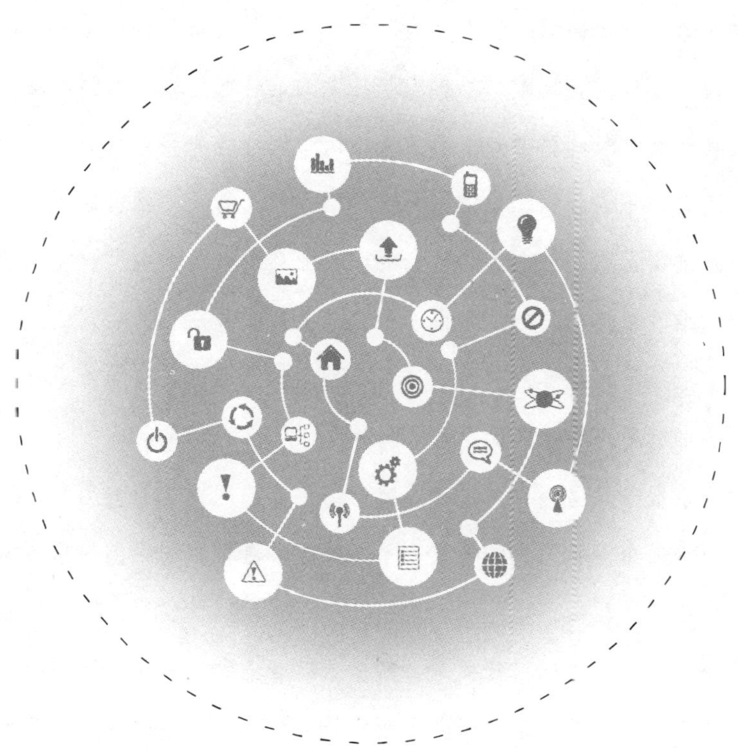

随着微信营销的悄然“走红”，企业争相开通了自己的公众账号，急匆匆地投身于微信运营的事业。它们开发了公众平台，建立了品牌粉丝群，每天发发文章，推推广告，以为这样就是微信营销，其实距离成功还有很长的路要走。企业做微信营销，首先要重视微信运营。没有运营，不谈营销。微信作为一个既开放又封闭的私密通信工具，把用户的需求明明白白地告诉企业，企业只要满足这些用户需求就能获得精准的目标用户群。如果一个企业公众账号从不关心它的用户需要什么，从不维护客户关系，只一味地促销产品，必将导致千方百计得到的目标用户不胜其扰，大量取消关注。

企业公众账号运营的关键是要做好内容，用内容连接用户，使微信成为沟通企业和用户的桥梁，不断拉近二者之间的距离。这也体现了微信运营的核心价值——“信”（它既指信息，也指信任）。目标用户和企业建立亲密的信任关系，颠覆了广告业和营销业的传统模式。为了实现这一目标，运营者必须组织好公众账号发布的内容，巧妙地表达营销内容，培养好用户的阅读习惯。

第一节
内容制作的实用技巧

公众账号运营的成败在于运营者是否推送了正确的内容给读者。公众账号的质量越高越能吸引粉丝，内容更新得越及时越能稳住粉丝，让他们不轻易取消关注。下面具体介绍微信内容营销的实用技巧。

首先，描述上下文联系，建立文案背景，吸引用户注意力。

这是在试图得到用户的关注前一定要做的事，联系上下文可以诱使用户陷入消息的包围圈，如果用户关注了公众账号，订阅消息就成为他们接收消息的上下文，在网上发布的内容自动成为搜索关联的上下文；如果企业正在某刊物上发布广告信息，那该刊物的主题也成了上下文，这些都是在给文案建立背景，都可以让企业脱颖而出。一旦建立起强大的文案背景，就可以很快引起用户的关注，而且还可以通过标题吸引用户的注意。一旦建立起一个无所不在的上下文背景，就可以很轻松地吸引用户的注意。写文章，一定要精心研究一个恰当的好标题，必须保证能引起用户的兴趣，虽然人们往往痛恨不负责任的标题党，但不得不承认在这个信息爆炸的时代，一个引人入胜的标题，确实可以点燃用户点击文章的原始冲动。特别是在折叠后的订阅号里面，需要和成千上万的公众账号争夺用户的注意力，一个直入人心的好标题，是制胜的法宝。

其次，要能够在最短的时间里点燃用户对企业产品的渴望。

营销的现实是残酷的，即使千方百计地把用户的注意力吸引过来，注意力也不会超过十五秒。营销人员必须把握住这珍贵的十五秒，引导用户对企业品牌或产品产生渴望，并想办法延续这种渴望，最终转化为消费欲望。须知公众账号推送的消息相当于写在文章之前的引言，是抛给读者的诱饵。诱饵的作用在于引起读者的兴趣，把一段未知的经历介绍给他们，吸引他们深入阅读文章，了解故事详情。

再次，要通过对新事物的美好描述放大用户的心理落差。

在成功引起用户的关注，创造了用户对企业产品或服务的渴望后，就要想办法将这种潜在的渴望迅速转化为消费的欲望。这一阶段就需要说服用户采取行动，告诉用户，如果不能立即使用这个产品或服务会产生什么样的后果，以此放大用户的心理落差。可以通过类似于“什么改变都不做，将意味着什么”这样的询问来建立落差，让用户意识到现状已经造成了痛苦，改变迫在眉睫。一旦用户意识到无所作为的危害，就可以迅速抛出解决方案。这个方案应该是经过实践反复打磨的成熟方案，要了解它的一切细节，对用户提出的一切问题都能够应答如流。

最后，要呼吁用户采取行动。

不要和用户兜圈子，要明确呼吁用户采取行动。通过以上几个步骤已经向用户传达了重要的信息：我们是专业的，并且有成熟完整的运作方案，很多人都证明过这一点。另外，还要尽可能地向用户提供降低风险的保证，努力获取用户的信任，最终达成交易。

还有一点需要特别强调，我们在和用户交流的过程当中，必须要了解用户的真实需要，如果不了解用户，连基本的信息都是错误的，如何获取信任呢？因此，想要做好公众号的内容，首先要清楚用户需要什么。而用户想要什么信息，想要多少，这不是我们凭想象可以轻易做到的，你更无法替代用户做决定。因此，需要谨慎地调研，然后再将内容发送出去。如果仅凭自己的感觉去做这件事，你的公众号可能会被取消关注，因为人们需要的是真正能为他们提供有用信息的平台。一个公众号为人们带来的服务越多，才越能受到欢迎。

第二节 如何设置文章引导语

一篇文章出现在朋友圈中，是否能被大范围地分享转载，受到多重因素的影响。当然最为重要的一点，就是文章本身有价值，让读者有让朋友们分享的欲望。对这一点不再赘述，介绍两个可以提高文章分享转载率的小技巧，也可以认为是对读者进行心理引导的技巧。

首先，要懂得设置软性引导语。

“软”是相对于硬性广告的“硬”来说的，“软”讲究的是绵里藏针，收而不露，追求一种春风化雨、润物无声的传播效果。比如，在引导语中说明“欢迎转载，请注明出处”。这样的做法看似简单，却效果显著。人都是需要引导的，如果没有这样一段话，很多人就想不到这一点，如果没有注明本文是可以转载的，很多人会考虑转载后会产生的版权问题。从心理学层面上讲这种行为属于引导，当一个指令被设定的时候，大家会不自觉地执行它，然后再执行下一个指令。举例来说，如果每天都有人对你说，随手关门，那你就很容易养成习惯。

调查发现，注有“转载”字样的文章被分享的数量和普通文章的数量相比，其差距在十倍到百倍。粗略估算，如果文章原本的转载量在百次，转载量就可能超过 500 次，增长的流量背后又是流量，文章得以形成搜索源，病毒式传播开来。如果有心就不难发现，我们手边的任何一本免费电子书都有这样的机关。类似“阅读本文用了××秒，分享只需要 1 秒”、“转载是一种智慧，分享是一种美德”这样的引导语在微信上还有很多。

总而言之，只需要明确告诉读者，“欢迎分享转载”、“请分享给你最好的朋友”、“欢迎推荐到朋友圈”，这样一个简单的指令，他们往往就会执行。

推而广之，如果能在引导语的基础上给读者一些实惠，比如“推荐五个好友获得××惊喜”、“推荐到朋友圈可以免费领取赠品”，就可以把宣传的效果提升几倍。一般人的心理是明确知道分享是有利可图的，在分享之后可以获得某些奖励，就更愿意完成这一指令，甚至在以后形成“如果没有赠品，我就不分享了”的惯性思维。

所以说，需要给文章的软性引导语设置一个诱因，它可以是某种赠品，可以是免费的课程，也可以是一本电子书……总之在成本允许的前提下，给用户带来一些实惠，可以吸引用户心甘情愿地向他的朋友们推荐，从而简单地获取用户朋友圈中真实准确的“目标客户群”。

比如，把《从零开始学：微信运营与营销一本通》的部分内容分享给粉丝，强调要获得全本“请复制文本和图片到朋友圈，并将截图发送至微信公账号×××”。为什么要把文章分享给用户，因为希望用户能获益，同样希望用户能分享给自己的朋友，形成用户转介，让大家都获益。《从零开始学：微信运营与营销一本通》的全文，就是设置的诱因，“请复制文本和图片到朋友圈，并将截图发送至微信公账号×××”则是引导指令。明确告诉用户要得到赠品，只需要执行简单的分享动作就可以了。之后信息通过用户渠道不断扩散，总有新的用户关注来领取赠品，除了开始分享的电子书，没有付出重复成本，就可以获得大量精准的活粉。

其次，要懂得利用微信公众平台的分享功能，做好推荐系统的硬性设置。

虽然微信公众平台提供了分享转载的功能，但如果不加以引导，基本形同虚设。须知这些功能按钮只有结合相应的软性引导语才能引起用户关注，达成完美效果。比如，“一键分享获赠品”、“阅读原文获赠品”、“长按图片获赠品”、“欢迎点击并分享到朋友圈”，等等。

另外，基于微信公众平台的“微分销”是一种日渐成熟的三级分销商城模式。产品生产厂商或者品牌公司在企业微信公众账号上部署自己的微分销商城，该品牌的经销商或者企业员工就可以在企业的微分销商城基础上生成专属于自己的二级分销商城，员工的朋友或者经销商的客户又可以在二级分销商城的基础上生成三级分销商城，企业的这种零成本泛员工的业态就是微分销的魅力所在。该模式在微信上最为常见的案例，就是活跃在朋友圈中的“面膜代理”，通过简单的几步系统设置，把客户变成经销商，让产品“飞”起来。要增加文章的转载和分享，完全可以借鉴这种模式。只要用户分享文章，就给他们相应的收益。当传播的整个过程变得有利可图，文章还不“飞”起来吗？

第三节

如何给公众账号取名字

一个能吸粉的公众账号想在传播的第一阶段就能胜出，除了要有优质的内容、完美的策划和完善的服务，还必须有一个亮眼的名字，这样才能被目标用户快速发掘。什么样的名字是好名字？那些能够在第一时间引起用户兴趣的，清楚交代企业公众账号的内容、服务、价值、范围以及行业信息的名字，就是好名字。目前而言，微信新公众账号的命名方式有八种。

第一种，直呼其名。就是以企业名称直接命名的微信公众账号。比如，天猫、读者文摘、大众点评、美团网，等等，它们或是以服务，或是以产品直接作为公众账号的名称。

第二种，以功能命名。就是直接把企业公众账号的用途表现出来的微信公众账号。比如，多功能的生活小助手，可以查天气、查快递、查公交，单一功能的翻译小助手、减肥小助手、家长小助手等，都把公众账号提供的服务直接展现给用户。

第三种，抽象化命名。就是把企业或者产品服务形象化，借用比喻、拟人的手法，把具体事物加工提炼成抽象事物，便于用户加深对企业产品或品牌内涵的理解，吸引用户注意力。比如，某某小卖铺，用户一看就知道是购物的；某某美食街，是跟食品相关的；某某电影工厂，是做电影资讯的……

第四种，垂直命名。这种方法有两个要素，行业名称和公众账号用途。比如，数码罐头、百度电影、豆瓣 FM 等都是行业名称加上用途，简单明了。

第五种，以问题命名。就是以提问的方式命名，获得用户关注。比如，去哪啊、周末做啥、今天吃点啥、什么最赚钱、什么值得买，等等。

第六种，以另类出位的方式命名。这类账号一般是做娱乐八卦的，以出位新鲜、好玩有趣和奇闻轶事为主要内容。比如，冷兔、娱乐八掌柜、唐唐脱口秀、深夜食堂，等等。

第七种，以百科命名。这类名字包含的范围比较广泛，一旦抢先注册，可以利用人们的好奇心来吸粉。比如，糗事百科、健康养生百科、玉器百科、茶百科、新闻百科、女人小百科，等等。

第八种，以地域命名。这种方法从用户比较熟悉的地域名称入手，吸引用户的关注度。比如，北京周边游、北京工体、北京新发现、北京汽车俱乐部、北京某某房产，等等。

另外，企业公众账号虽然有多种多样的命名方式，但并非百无禁忌。

（1）切勿使用生僻词汇。微信是一个既开放又封闭的平台，如果排除朋友圈分享和线下品牌推广两种模式，大多数用户只能通过搜索来关注一些自己感兴趣的公众账号，如果公众账号的名字非常生僻，比如“佶屈聱牙”，很少有人念得对记得住，又怎么会有人去搜索呢？除非是已经做成品牌的，有自己的铁杆粉丝分享扩散，否则很难得到关注。

（2）切勿使用宽泛词汇。宽泛词汇的使用让企业公众平台无法精确快速锁定目标客户。比如，北京小吃肯定要比小吃看起来更专业。

最后，还要考虑风俗习惯和社会伦理道德。

第四节 影响搜索排名的指标

微信公众账号的搜索排名牵动着每一个运营者的心，其排名规则不但难以捉摸，还一直不断发生变化。区别于一般的信息检索，微信公众账号的搜索是加入了用户社交关系网络的搜索，人们对这种新的模式并不熟悉，一切都还处于探索阶段。

就目前的排名规则来说，一级权重指标有三个。

第一，名称是否包含关键词会直接影响排名。名称和关键词的匹配度越高排名越好，所以企业的公众账号在取名的时候最好包含关键词，而且关键词在名称中的位置越靠前越好。举例来说，当我们在微信的公众号中搜索“笑话”这一关键词的时候，从理论上讲名称为“笑话”、“笑话集”、“笑话大全”这类的公众账号，要比“冷笑话”、“幽默笑话”这类公众账号的排名靠前。

第二，公众账号是否通过官方认证会直接影响排名。通过官方认证的公众账号要比没有通过官方认证的公众账号排名靠前，认证服务号的要比认证订阅号的排名靠前。

第三，公众账号的粉丝数量、粉丝活跃度、文章阅读量、转发量和用户评论数量也会影响到排名。所以，不但要想办法增加公众账号的粉丝数量，还要提高文章质量，争取多和粉丝互动。要知道腾讯官方对高质量的公众账号有明显的扶持倾向。

二级权重指标也有三个。

第一个是功能介绍。如果公众账号的功能介绍中包含用户搜索的关键词，也会影响排名。其中，热门词汇的影响力较小，冷门词汇的影响力比较大。

第二个是消息的推送频率。推送频率越高，排名就越靠前。所以，企业公众账号的运营者要坚持每天推送消息．如果被发现有长时期的活动空白、无消息或无互动，很可能会被当作僵尸号来处理。

第三个是粉丝的增长数量。这其实是一个鲜为人知的重要影响因素，公众账号的粉丝数量增长得越快搜索排名就越靠前。

随着微信搜索引擎推荐机制的逐渐成熟，还有哪些在未来可能左右公众账号搜索排名的因素呢？用户个人好友的关注对象最容易被推荐。目前，通过微信来搜索公众账号，一般会同时显示有多少好友也在关注该账号，好友重点关注的账号会优先推荐，虽然在搜索同一关键词，但每个人的搜索结果都会有差别。基于移动终端的精准定位服务，我们在搜索含有同一关键词的公众账号时，可能按照地区来排名。比如，同样是搜索“移动 10086”，在不同的省市可能会优先显示当地的移动公司公众账号。因为腾讯官方一直鼓励原创，并推出了微信的原创功能，原创与否也可能成为影响排名的重要因素。企业公众账号的商标是微信官方认证的重要依据，在未来可能逐步提高有商标认证的公众账号排名。最后，根据观察，公众账号的最后推送时间、文章主题相关度和账号质量也影响着搜索排名。

搜狗最近推出的微信搜索引擎为公众账号开辟了另一片广阔的天地，虽然搜狗的排名机制也处于摸索阶段，但是和微信搜索引擎提供的结果大同小异，二者的规则和机制比较相近，无非都是一些能够直观反映企业公众账号受关注程度和账号活跃度的指标。比如，关键词与名称和功能介绍的匹配度、官方认证结果、公众账号内容的热门度、粉丝活跃度、粉丝数量、文章转发率，等等。须知企业公众账号的微信搜索排名随时在变化，运营者要提高名次，单单抓住一个方面做到极致是远远不够的，必须要把所有因素都考虑在内。

第五节
选择正确时机推送文章

企业公众账号的运营者对应该何时推送文章给用户的答案一直有争议。有的人认为早上 8 点和下午 6 点左右是上下班的高峰时间，用户可以利用等地铁、乘公交的时间阅读文图，此时正是信息推送的好时机；有的人认为中午 12 点左右是信息推送的有利时机，用户可以利用午餐后的碎片时间浏览网页；还有的人认为晚上 8 点到 10 点，是大多数用户的空闲时间，可以分出更多精力深入阅读文章，甚至产生消费行为，这段时间才是信息推送的最佳时机。这些看法都有自己的道理，但只是运营者的主观看法，只想到问题的一个方面。如果所有企业公众账号的运营者都认为某个时间段最适合推送消息，难免会造成文章的“大堵车”，信息很容易被淹没；如果运营者已经培养了用户在某一时段固定阅读文章的习惯，突然改在其他时段推送文章，反而会降低用户的阅读率，用户在哪些时间较多使用移动设置。

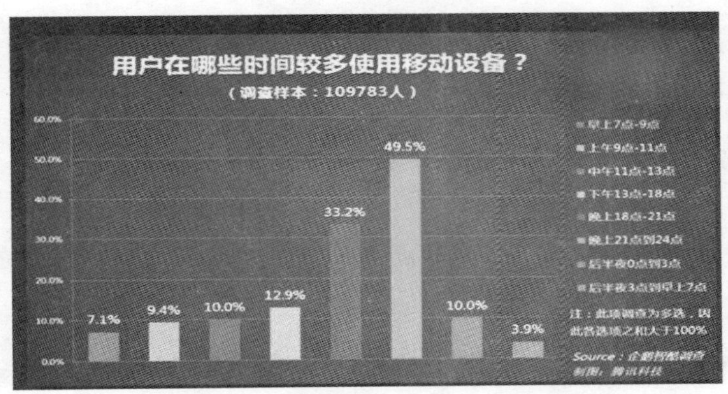

据统计，早上 7 点到晚上 6 点的各个时间段内，用户使用移动设备的频率并不高，晚上 6 点到 9 点、9 点到 12 点是用户最为活跃的两个时段，其中晚上 9 点到 12 点为用户全天活跃度的最高峰，因为此时是大多数用户的休闲时间，他们或是悠闲地窝在沙发上，或是已经躺在舒适的床上准备入睡，会习惯性地拿出手机浏览消息。既然公众账号推送的文章大多是在这段空闲时间被用户阅读的，那么运营者是不是应该选择这一时段进行消息的群发呢？

《孙子兵法·虚实篇》有云，兵无常势，水无常形；运用之妙，存乎一心。这是在提醒我们，理论虽然是固定的，操作方法却是灵活的，每一个运营者都应该根据自己公众账号的特点，因“号”制宜。

晚上 9 点到 11 点的文章阅读率比较高，说明大部分用户希望企业公众账号能在晚上推送更多的文章，一些大众类型的公众账号，特别是没有固定推送习惯的，就可以考虑选择这一时段的某个或某几个固定点推送消息。那些经常推送“速读文章”的公众账号，像笑话段子、常识百科、美食美图这类不需要用户集中精力深度阅读的“快消品”，可以考虑选择用户上下班的早晚高峰和午休时间发布消息，充分利用用户的碎片时间。那些每天有固定时间推送消息的公众账号，特别是名称包含“晨读”、“十点”、“午间”、“夜话”等这些明显具有时间提示功能词汇的名称，已经培养了用户的阅读习惯，千万不能盲目改变。那些拥有独立定位和文章特色的专业性公众账号，一定要结合用户的属性来调配自己的推送时间，如果经常发布那些需要深入阅读的文章，就应该选择夜深人静的时段，这样利于用户思考。

众所周知，微信 5.0 版为了解决推送信息打扰用户的问题，对产品功能进一步细分，把公众账号划分为服务号和订阅号，并折叠到二级页面中。企业公众账号的运营者要根据自身公众账号的属性来确定最佳推送时间。一般来说，有两种类型。

一种是媒体平台型的公众账号。一般来说，实时更新是这类公众账号的特点，但是如果运营者片面追求及时，难免会影响用户体验，所以应该固定一个时间段来推送消息。以读者的阅读习惯来看，上班族一般会选择在早晨阅读一份晨报来了解时政要闻，下班以后则会阅读晚报，了解社会动态、媒体八卦。像网易、新浪、搜狐、腾讯这些移动新闻客户端都是在早晚更新内容的。所以，媒体平台型的公众账号运营者应该在下班前确定好新闻内容，提前 5~10 分钟发送给目标用户。

另外一种是企业平台型的公众账号。这类公众账号以顾客为目标，最好的推送时机是午休时段。用户可以利用午餐之后的空闲时间浏览企业的产品信息和促销信息，有疑问的话，可以随时在线咨询。软文类的消息则应该在下班时段推送，充分利用用户晚餐之后、睡觉之前的休闲时间。

总而言之，每一个企业公众账号都有自己的个性定位和目标用户群，运营者可以通过用户调查，做出科学的选择。比如，通过调查粉丝关注的公众账号数量来判断有多少竞争对手；通过调查用户最喜欢的文章类别来调整自己的内容风格；通过调查用户的网络活动来确定消息推送的时间。要注意的是，企业公众账号的运营者不能盲目跟风，要结合自身的实际情况，展开有效的调整工作，提升文章阅读率，达到广告效果的最优化。

第六节
编辑要走出四大误区

由于微信除了使用语音沟通就是使用文字沟通，文字沟通又是其中最主要的，所以说做微信营销的成败取决于文字内容的价值，那些糟糕的内容往往使得粉丝对公众账号取消关注，还不如没有内容好，正所谓成也内容，败也内容。所以，不管是在朋友圈发布状态，还是在公众平台发布文章，都必须慎重操作。在目前常见的微信营销内容中，存在着以下四个误区。

第一个误区，定位不明，缺乏规划。

既然是微信营销，目的在于营销，那么所有的销售动作必须是有计划的。就个人账号来说，不管销售什么商品，如果在朋友圈一股脑地乱发广告，没有定性，毫无规律可言，就会致使很多用户忽略所发信息，工作完全没有效果。而且，太过随意地推送消息，无论白天黑夜，想什么时间发就什么时间发，完全不理会目标用户的作息时间，能有多大效果呢？比如，明明是做日常用品的商家，非要晚上发布产品消息，这能有多大效果呢？虽然一直强调要把微信营销融入生活，整合利用用户的零散时间，但不能太随意。

运营者在发布文章的时候容易陷入定位不明、缺乏规划的误区，这不仅体现在发布的时间和频率上，还体现在稿件的质量上。稿件无论是转发还是原创，最起码要有既定的方向，内容不能过于杂乱。企业的产品和品牌是有定位的，文章也要有与之相应的定位，要瞄准这一方向做好内容规划。这一点在朋友圈里体现得尤其明显。以比较活跃的个人微信营销账号举例，卖家要根据产品的目标客户群来定位自己微信账号的风格，打造值得用户信赖的个人形象。客户到底希望看到什么样的我，才愿意相信我？卖家必须在这一点上仔细推敲，要根据产品的特点和用户希望了解的信息来制作内容，只有让读者觉得你带来的内容是有趣的，他们才会乐于对你持续关注；只有让他们觉得你本人是有趣的，有主见的，他们才会把你当作活生生的身边人，产生亲切感，而不是当作冷冰冰的广告，对你敬而远之；只有让他们欣赏你，喜欢你，他们才会对你产生一定的信任感，才会愿意消费你的产品。

有的运营者认为，根据产品来定位的内容是不好把握的。比如，那些在朋友圈销售化妆品的商家有这样的疑问：如果我每天都推送与化妆品相关的内容，我的目标客户群会不会感到厌烦啊？笔者认为不会，粉丝之所以关注你，说明他们对化妆品有需求，只要不是频繁推送硬性广告，用户应该是乐于接收信息的。比如，化妆技巧、如何保养、穿着搭配，甚至是有关女性心理的趣味性话题，都是受欢迎的内容。

第二个误区，发布的内容要么没意思，要么一看就是广告。

这是微信营销给运营者带来的一大难题，不是所有人都能够精准地把握语言文字，也不是所有人都擅长写作。微信营销对内容的质量要求高，但并不是要求作者有多么高超的写作手法和修辞手法，而是要求表达准确，能够巧妙地说，说到点子上，一下子就能戳到用户的痛点。这就要求运营者要有悟性，要对企业的产品和品牌有深刻的理解，在日常生活和工作中逐渐摸索经验。同样一个产品，既然可以通过开发用户的兴趣点，利用粉丝来扩散消息，又何必使用硬邦邦的广告植入呢？当然广告植入也是需要技巧的，这属于广告学的范畴，运营者应当借鉴学习。

下面讲一则男鞋专卖店的营销案例，看看能否给大家带来启示。张老板经营一家品牌男鞋专卖店，不但货源充足，而且按照厂家的要求认真装修过店面。可是由于所处地段偏远，客流量不多，生意一直比较冷清。张老板听取大家的建议把钱用在了宣传上面，发传单、打广告、进新货、搞活动，一连串地狠砸下来，不但没有顾客盈门，反而花光了投资预算。张老板痛定思痛，转变了营销思路。他花钱请来一位修鞋的老师傅，在专卖店门口竖起一块广告牌，上面的标语是："免费擦鞋，不管您在哪里买的鞋，无论男鞋、女鞋、大鞋、小鞋，统统免费！"就是这样一个简单的广告，使张老板的专卖店在短短一个月里起死回生。顾客最初对广告的内容将信将疑，张老板不但在店里给他们提供休息的椅子，还端茶倒水，甚至为来免费擦鞋的顾客准备了手提袋，用实际行动证明广告所言非虚。于是专卖店免费擦鞋的事情，在顾客当中口口相传，从零零散散到三五成群。来鞋店的顾客越来越多，张老板从来没有主动向顾客推销过鞋子，顶多闲谈几句而已。

老子在《道德经》里说："将欲取之，必先予之。"第一，所有来这里享受免费服务的顾客都会产生一种方便的心理，反正要买鞋，不如就在这里看看。第二，顾客享受了张老板的服务，就会产生渴望回报的心理，而买鞋就是最简单的方法。专卖店的营业额直线上升，张老板没花什么钱在营销上，生意却一天比一天好。可以说，这是一场没有营销的营销。

还有一些不会写软文的运营者要学会转变营销思路，可以直接找一些符合产品定位的好文章转载，不必强求内容一定要融合产品理念，只要留下产品信息，就能得到传播。比如，有些地方的小医院之前总是喜欢通过散发一些质量低下的宣传彩页做营销推广，结果读者根本不喜欢这些，甚至不愿意翻开看看，广告效果不理想。现在他们转变思路，改做一些内容比较受读者欢迎的杂志，这相当于在受众更多的杂志上做硬广，效果自然不一样。运营者想要用户看到你、关注你、喜欢你，就要学会提供更“靠谱”的信息。

第三个误区，一味追求文章的长度，忽视用户的阅读感受。

有很多企业公众账号的运营者，每天都在写内容，认为写得越长越真诚，用户就会越喜欢。这其实是一种错误的认知，用户的阅读方式受到公众平台传播形式的制约，利用的都是工作生活中的碎片时间，不会仔细阅读公众账号推送的长文，除非文章的内容真的无比重要，引人入胜，不然还是言简意赅、简短有力比较好。针对内容特别多、无法删减的文章，可以采用分段发布的办法，把每一段都冠上精彩的小标题。以微信用户的阅读习惯来说，他们很难做到“深入阅读”，在拿到一篇大标题吸引自己的文章后，他们通常的做法是阅读导言，然后直接找到有意思的图片或者小标题，片段化地阅读，喜欢哪里点哪里。他们的注意力很容易分散，一旦转移就拉不回来了。要知道，竞争对手也在同一时间和我们做相同的工作，如果还在追求文章长度，而忽视用户的阅读感受，就等于把粉丝推给对手。

第四个误区，文章内容不错却编辑粗糙。

对企业微信公众账号的运营者来说，内容编辑是一个非常重要的工作。前面一直在强调，公众账号推送文章给用户，必须要有高质量的内容，内容是第一位的。如果说内容是文章的灵魂，有价值的灵魂才会被粉丝推荐到朋友圈，那么编辑和排版就是文章吸引粉丝注意的脸面。在这个信息爆炸的时代，我们面对的是一个“看脸”的世界。很多粉丝除了浏览文章的大标题，最注意的就是图片。图片所占篇幅面积大，够直接，受众面广，易于传播。可以用漂亮的图片把过长的文章内容分割成段落，搭配主题，吸引用户的目光，同时要注意文图相称，规律排版，切勿过于杂乱。

第七节
掌握写软文的八个技巧

企业公众账号的运营者要提高软文的写作水平，需要掌握以下八个技巧。

第一个，文章标题技巧。

标题是直面读者的第一个环节，如果标题不能在面对读者的一瞬间抓住读者的眼球，就可能失去让用户深入阅读的机会，哪怕有再好的内容，都是没有用的。所以，在做企业公众账号的推广内容时，必须要有一个非常吸引目标用户群的标题。下面介绍三类常见的容易引发读者兴趣的标题用法。

有一类常见标题利用生活冷知识来引发读者的兴趣。比如，“你不知道的真相，女人进入百货商场的时候有九成的概率会向右走”。当我们看到这样的标题时，是不是觉得很好奇，很想打开文章看看为什么有这种现象呢？还有一类常见标题利用与普通人日常生活息息相关的利好消息，打动读者。比如，“五一期间，大部分省市高速公路将免费通行”。看到这一标题的人是不是很想看看自己所在的省市高速公路会不会免费？最后一类常见标题是利用奇闻轶事来勾起读者的好奇心。

比如，“德国退休老人培养超级兔子，比宠物狗还要大。”看到这一标题的人是不是有点击图片一睹“超级兔子”真面目的冲动？

第二个，善用用户的好奇心。

相信很多人都听过“好奇害死猫”这一俗谚。西方人认为，猫有九条命是很难死去的，偏偏因为无法克制自己的好奇心，断送了最后一条小命。好奇心是我们的天性。运营者通过企业公众账号推送的内容，要受到传播形式的制约，能够利用的都是读者在工作之余的碎片时间，用户很容易因为各种各样的外因分散注意力，如果运营者希望目标客户能够完整地阅读文章，就必须懂得持续激发读者的好奇心。在正文开始之前就需要通过标题、引导语甚至图片勾起用户的好奇心，然后吊足他们的胃口，让他们对接下来的正文保持高涨的热情。

软文和硬广不同，用户只有打开文章，阅读文章，才能看见精心植入的产品信息。如果目标用户在打开文章的第一阶段就选择关闭的话，等于我们没有任何营销的机会，所以要有耐心，要懂得放长线钓大鱼，在文章的开始部分引导用户继续阅读，不要急于推销产品，要保留用户。至于推销，只要用户喜欢你、欣赏你、信任你，后面会有足够的机会。

第三个，善用客户反馈。

用户的信任是促使粉丝向客户转变的关键。营销的目的就是要获取目标用户的信任，从而达成产品交易。从规划内容，到推送消息，再到目前用户阅读，商家和用户之间是没有任何信任关系的，如何让陌生的用户立刻对商家产生信任感呢？最好的办法就是向这些心存疑虑的客户展示来自第三方的反馈信息。这就会利用到微信的朋友圈功能。来自用户与亲朋好友的评价能够为客户带来安全感，打消他们的消费顾虑，帮助商家获得信任，达成交易。

第四个，要学会价值包装。

企业公众账号的运营者要明白，“用户购买任何产品，其目的不是为了获得产品本身，而是通过购买该产品来获得其所需要的功能。”所以，必须直观地告诉用户我们的产品能给他们带来什么好处，使用我们的产品可以实现哪些功能，以及如何将产品功能最大化，甚至很多时候可以为用户讲述企业品牌背后的故事，如何艰难创业，为什么要推出某一种产品，这种产品有哪些处于领先水平的工艺，生产改良的过程中投入了企业多少心血，等等。

第五个，要加入详细的内容介绍。

企业产品的内容介绍必须全面而充实，要向目标客户群详细地展示产品的特点和特色，可以包括产品说明、专家点评、用户评价、价格水平乃至如何配送、如何付款，把用户需要了解的信息给足。运营者在产品描述中最好把产品的功能分解成各个利益点，使用客户熟悉的语言来描述，要重点描绘结果，让客户对产品的好处和特点，有清楚明晰的认识。

第六个，及时呼吁客户行动。

要直接明确地呼吁客户采取行动，越简单、越明确、越具体，就越有效果。切勿对客户提出过于复杂的要求，让消费者付出的努力越多，就越难以达成交易。如果不能给客户一个立刻行动的理由，他们就会习惯性地拖延犹豫。很多企业公众账号推送的文章忽视了这一重要环节，没有明确的文字来呼吁用户立刻采取行动，因此显得不够积极，也不够主动。可以直接在文章的结尾部分设置引导语，来呼吁用户填写表格、注册会员、在线咨询、购买产品、推动客户完成下一步行动。

第七个，要使客户看到商家的风险承诺。

如果商家愿意在与客户的交易中承担大部分风险，就一定要让客户看到这部分有利于他们权益保障的真实内容。

第八个，要补充一些常见的问答。

即使在内容介绍的环节已经把产品的情况描述得非常详尽了，难免还是会漏掉一些客户特别在意的问题，商家要学会换位思考，补充一些产品的配送、质量检验、退换、使用、安全细节等。要知道，考虑得越周详，就越能让客户安心。

第八节
文章要合理布局，巧妙选材

合理布局就是要求运营者在文章的撰写过程中，能够对素材文字、段落标题合理地利用，把实例材料和作者认知按照文章的中心思想和主题目标排列组合，使之成为一个顺畅和谐的整体。简单来说，就是要求文章结构完整，组织形式明确，有段落安排。

中国人讲究写文章要“凤头、猪肚、豹尾”。凤头是说文章的开头要新奇；猪肚是说文章的内容要翔实；豹尾是说文章的结尾要巧妙，要强而有力。

运营者在文章的撰写中要做到“秩序井然、气势连贯、前后统一、骨肉匀称”。简单来说，秩序井然是要求所有材料的先后次序要安排得当，步步深入地说明问题，不能一味贪求数量，胡乱堆砌；气势连贯是要求文章的内容要一气呵成，不能前后脱节，更不能远离主题；前后统一是强调文章的观点和论据要相互支撑，不能自相矛盾；骨肉匀称，是要求文章的每一个段落的长短要大致统一，不能忽长忽短，也不能头重脚轻，虎头蛇尾。

企业公众账号运营者在消息发布的过程中，除了要学会对文章的内容合理布局，还要学会巧妙选材，适量发布。具体来说，运营者每次推送的图文不宜超过三条。因为如果一次推送的消息过多，就会失去重点。所以想告诉用户一件事时，最好只发一条消息，而且要把内容说清楚。另外，信息中的图片不宜过多，应该控制在三张以内，同时为了保证打开速度，不影响用户的阅读，每张图片的大小要在 50K 以内。

运营者发布的信息和图片内容应该积极向上，既不能有损公司的品牌形象，也不能违背社会道德和风俗习惯，更不能触犯国家的法律法规。运营者在搜集素材的时候，可以围绕新闻时事、社会热点、流行话题、工作技能等方面选择内容。比如，有关热映电影的评论、名人八卦、社会成功学、如何处理人际关系、与人们生活息息相关的新政新规、企业推出的新产品和新活动，等等，只要符合企业公众账号的形象定位，能够引起粉丝的兴趣，都可以拿来创作。俗话说，良好的准备是成功的一半。我们只有通过在日常工作中深入观察、不断积累，才能满足微信软文的创作需要，避免“书到用时方恨少”的窘迫。每一个运营者都应该为自己企业的公众账号准备一个专门的素材库，注意积累好文章和好图片，节省工作时间和成本。

运营者要学会给图文起标题，一个有吸引力的好标题，要做到让用户迅速对文章获得整体印象，迅速判断出这篇文章能不能提供自己需要的东西，而且标题务必简洁明了，让人一目了然。标题、首图和文章的开篇直面读者，直接决定了文章是否会被打开阅读。所以运营者必须在文章的开篇部分下足力气，紧扣标题来撰写文字，最好能勾起用户的好奇心，顺畅地连接后文内容。一篇文章最好控制在 500~800 字，如果太过冗长可能引起用户的阅读疲劳。学会适当地使用段落小标题来对篇幅较长的内容做总结，可以帮助读者快速了解全篇概要，根据自己的兴趣选择性阅读。文字往往不如图片那样可以快速、直观地向读者传达信息，运营者可以在深入理解主题的前提下选择适当的图片插入文本，达到事半功倍的效果。在文章的结尾处，要对前文内容有所总结，首尾呼应，以便加深读者印象，还要呼吁读者对企业公众账号加以关注，鼓励他们分享转发。

总之，运营者要注意平日的素材积累，对时政热点保持敏锐的嗅觉，观察学习竞争对手的优点，不断尝试，不断改进，保持企业公众账号的积极态度和健康形象。

第九节 完善细节提升图文“颜值”

如何吸引更多的用户打开企业公众账号推送的消息和文章？如何让读者产生转发的兴趣？要回答这两个问题，运营者必须要明白一个普遍的用户心理。想象一个小伙子要利用微信来搭讪姑娘，姑娘第一眼就会注意到小伙子的头像，头像代表着小伙子在姑娘心目中的第一印象，头像的质量决定了他们之间的对话质量。在这个网络信息爆炸的时代，图片远比文字来得更直观，更容易吸引公众的目光，网友们甚至戏称这个社会为“看脸的社会”，所以“颜值”的重要性毋庸赘言。下面，就来总结一下提高公众账号图文信息的技巧，让运营者推送的消息“颜值爆表”，简单地提高用户点击率和转发率。

第一招，封面美颜大法。

企业公众账号每一次向用户推送内容的过程，都是一次“小伙子”向“陌生姑娘”搭讪的过程。用户从打开消息列表到浏览完缩略文图的时间不超过三秒钟。这三秒钟至关重要，关系到文章的生死存亡，要么被点击、要么被忽略。须知公众账号推送的文章只有真正送达目标用户，才能够实现后面的品牌传播，客户的转化，最终促成交易。营运者必须把握住这珍贵的黄金三秒钟，一把抓住用户的眼球，让他们主动打开图文，接收消息。

制作文章封面的时候要“简单而粗暴”，尽量直白地向用户说明文章的内容主旨。现在只有不扭捏、不做作的表达方式，才符合年轻人群的阅读习惯，才能在三秒钟之内直戳用户需求，在激烈的竞争中脱颖而出。

企业公众账号的运营者要弄清楚用户阅读文章的目的——他们只是想获取信息。所以制作封面的时候，要突出重点文字，提高色彩对比度，制造视觉冲击效果，让文章主题一目了然。然而有的运营者可能认为同样的内容反复出现在文章的标题和图片中，多少有些画蛇添足。

这种观点是片面的，如果仔细观察移动客户端就会发现，无论是占主流地位的大屏幕机器还是经典款的小屏幕机器，无论是多图文消息还是单图文消息，图片的面积都要远远大于文章标题，一般是标题的 4~5 倍。由于图片在用户眼中的优先级高于文字，所以把文章的关键词放在图片上更容易博取用户的注意。

有的设计者会使用图文结合的方式，把文字进行图片化处理，向用户呈现图案信息，消除用户对标题的理解障碍。这一点要求设计者要充分了解文章的主题，深入剖析作者的观点，明确图片的制作方向，尤其是对那些内容相对抽象的文章，在发布给用户之前，必须反复和原作者或同事沟通，做到准确地传词达意。无论使用何种表现形式，文章的内容质量还是重中之重，如果既没有从用户的需求出发，又没有提到用户关心的热门消息，关键词表述得再直白也是没用的。

第二招，文章的插图要轻盈。

文章的插图尽量不要使用从网络上随便下载的图片，这和文章表述的主题存在差异，会破坏用户的阅读体验。从另外的角度来说，如果运营者能针对文章主题设计插图，不仅可以让用户看到文章的质感，感受精致的阅读，还能提升企业公众账号的品牌形象。在插图的设计过程中，要尽量坚守“轻盈”的原则。

在当今的移动互联网时代，人类保存信息和获取信息的途径得益于科技的进步，变得越来越简单，那些大量的、重复的、无效的、复杂的信息不断充斥着人们的眼球，令人心情烦躁，无法静心，对于那些冗长的内容，越来越没有阅读的耐心。轻盈的插图不但可以更好地诠释段落中心思想，还可以缓解用户阅读文章的烦躁情绪。插图的轻盈表现在两个方面：一个是内容轻盈，一些专业的公众账号推送文章的时候，往往以大数据和技术理论为主要内容，并不容易被读者理解，如果能够观点图片化，通过一些简洁整齐的插图来表现，一定能增加内容的趣味性，清除用户阅读文本的心理障碍；另一个是配色轻盈，在设计插图的时候要尽量使用明快柔和的色彩，轻盈的配色可以营造温馨舒适的阅读氛围，使用户摆脱烦躁的情绪，平心静气地阅读文章。

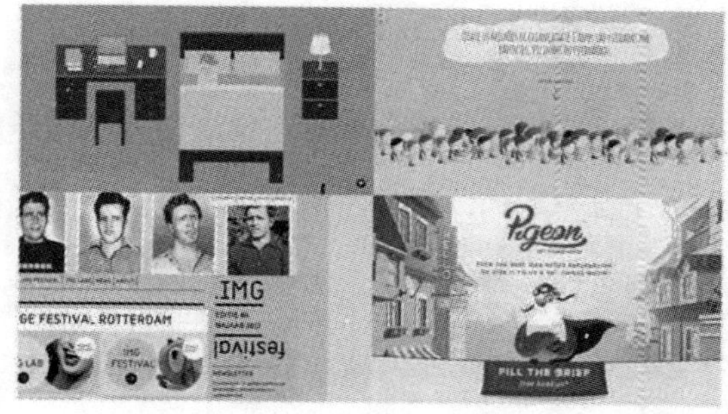

第三招，文章的排版要精致。

在拿到计划发布的内容之后，首先要做的应该是通读全文，了解文章的全部内容和作者要表达的观点。然后整理出文章的结构，融合自己的编辑想法之后，再付诸实践。一般来说，文章的小标题应区别于正文，要得到特别突出，目前默认的正文字体大小为 16 像素，小标题的字体大小控制在 18 像素到 20 像素即可，还可以改变字体颜色，提升美观度。至于文章的二级标题则无须改变字体大小，可以加粗或改变字体颜色，而且颜色要与整体相协调。

常用的序号使用规律如下：一级标题使用汉字一，二级标题使用（一），三级标题使用阿拉伯数字 1，四级标题使用（1），小标题使用①。标题与序号之间要有内容链接，如果直接切入内容，则比较突兀，建议先用一段话引出下文，再用序号编撰其他内容。可以在图文编辑页的工具栏中找到“段后距”，拉开小标题与文字内容的距离。一般有 10~15 像素即可，这样可以使用户在阅读的过程中清晰地看到文章的每个部分，摸清文章的脉络。

另外，在编辑文章的时候要考虑用户使用的阅读媒介，比如一般习惯于在段落的开始空两格，这样的格式更适合宽阔的纸质媒体或个人电脑屏幕，并不适合移动用户端。而且用户的手机屏幕尺寸五花八门，空格后可能使整段文字比例失调，影响美观。

排版，没那么简单

编者按

"说了好几回了，但这回是动真格的。我累了。总之，我终于自由了，既有干点啥的自由，也有不干的自由。"这是宫崎骏在2013年宣布退休时说的话，从1997年《幽灵公主》之后就萌发的想法，在坚持了16年后终于实现。此情此景总让人想起龙猫里的一句话：
有些烦恼，丢掉了，才有云淡风轻的机会。

排版，没那么简单

编者按

"说了好几回了，但这回是动真格的。我累了。总之，我终于自由了，既有干点啥的自由，也有不干的自由。"这是宫崎骏在2013年宣布退休时说的话，从1997年《幽灵公主》之后就萌发的想法，在坚持了16年后终于实现。

此情此景总让人想起龙猫里的一句话：有些烦恼，丢掉了，才有云淡风轻的机会。

在一篇图文中，图片和文字的位置关系有三种，即图在文前、图在文中与图在文后。同样的内容，图片的摆放位置不同可能带来的阅读效果是有差别的。置顶的图片在读者眼中有提纲挈领、强调重点的作用，和插图不同；中间位置的图片一般有承上启下的作用；文尾的图片则负责回顾总结，加深读者印象。在安排图片的位置时，视情况而定即可。在编辑图片说明的过程中，为了保持图片和图片说明之间的完整性，二者之间尽量不要出现空行。图片说明的字体颜色要和正文的字体颜色有所区分。将图片说明和其他辅助性文字的颜色设置为灰色系或冷色系是比较合适的。总之，一篇文章的图文颜色不宜太过跳跃，文字的颜色不要超过三种，并且要保持整体协调，避免读者产生视觉疲劳。

最后，运营者必须明白在图文的设计上，百分之一的个性足以打败百分之九十九的平庸。在编辑的过程中除了要完善细节，还必须凸显个性。网上流传的编辑软件虽然好用，但是往往流于平庸，文章要脱颖而出，就必须有自己的独特设计。要知道，一款别致的花边，一枚漂亮的图签，甚至是清新的色彩组合，吸引来的任何读者的“另眼相看”，都足以令我们和数以万计的竞争对手拉开距离。

第三章

运营者如何技术圈粉

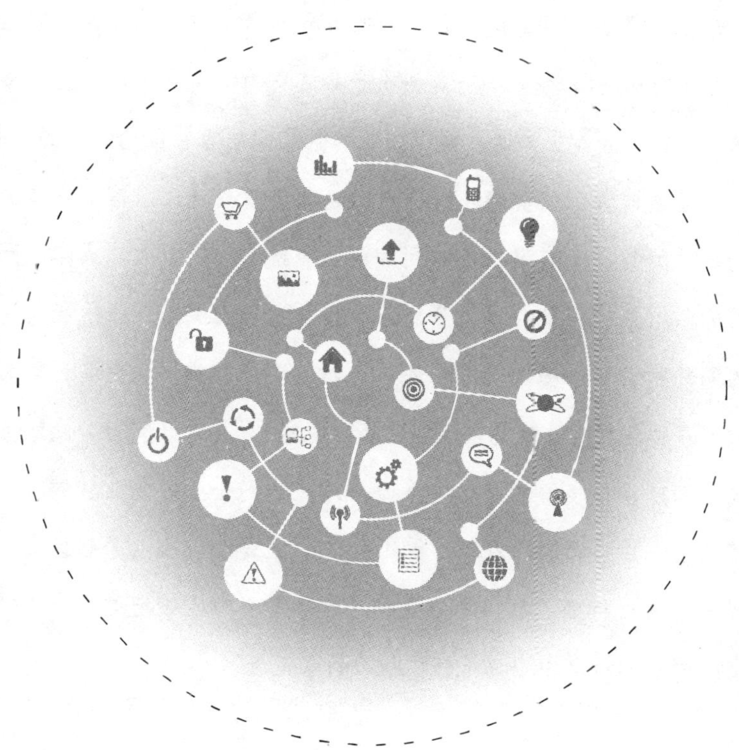

在当下的产品市场中，“粉丝经济”成为一种普遍现象，如何给企业公众账号增加粉丝是运营者关心的首要问题。许多企业希望粉丝能够心甘情愿地分享消息，扮演企业产品信息的传播者，从而复制微博营销时代的“大V”神话。须知企业的微信营销有着自己的独到之处，完全照搬微博营销的套路是行不通的。和微博一样，微信用户能关注公众账号的数量是有限的，越到后期，圈粉的难度越大，成本越高。目前的微信营销正处在各大公众账号相互竞争的圈粉初级阶段，运营者的圈粉技术和“粉丝思维”还不成熟，还没有意识到在通过推送优质内容获得粉丝后，还需要实现“粉丝黏性”。须知只有当公众账号和粉丝之间建立起良好的互动关系时，才能达到企业的商业目的。在微信营销中一贯强调的“内容”和“互动”，正是企业公众平台区别于传统媒体的核心特征。每一个公众账号的运营者都应该把这一核心特征贯彻到圈粉的行动中去，把握机会，行动起来。

第一节
优先培育种子用户

微信公众账号的粉丝，想从零做到千，从千做到万，就要懂得培育利用所谓的“种子用户”。我们要明白，不论是做微信公众账号的，做自媒体的，还是做产品销售的，个人的力量终归是有限的，没办法和一个工作团队相抗衡。即使是意见领袖，是“大V”，在获取粉丝的最初阶段，也需要种子用户的帮助，没有零到一的积累，就不可能有后来的一到十、十到百、百到千以及千到万。

什么是种子用户？顾名思义，就是能“发芽”的用户，他们具备成长为参天大树的潜力。企业做微信营销要学会重点培育种子用户，他们可以帮助企业传播信息，针对企业在营销中存在的问题提出意见，帮助企业经营，督促企业改进。种子用户是企业微信营销的第一批线上客户，也是培养企业品牌氛围的原始用户，他们可以凭借自己的影响力，为企业吸引更多的目标客户。

企业重点培育的种子用户，是一批忠实于企业品牌的铁杆粉丝。他们乐于为企业产品做宣传，利用自己的朋友圈帮助喜欢的企业快速而精准地获得目标用户。种子用户的作用非常关键，可以说种子用户是一条营销的捷径。一个企业的微信公众账号如果能拥有一千个种子用户，就等于拥有了一千个测试者，拥有了一千个宣传骨干，他们的作用不可估量。

既然种子用户对企业的微信营销至关重要，那么如何能在节约成本的前提下找到一千个种子用户呢？红极一时的极客和大姨吗迅速成长壮大的背后，都存在着大量种子用户的身影。下面收录了这两家成功企业的经验之谈。

极客帮创业基金合伙人梁宁认为，必须先找到产品的重度用户，对这些最饥饿的用户重点服务。当我们面对用户的时候，不可以简单地把他们分为粉丝和铁杆两个维度。在现实生活中，无论我们是做交易还是处理人际关系都要面对别人的各种态度，如有的用户可能选择你，也可能选择别人，这类用户属于态度中立人群，是我们需要极力争取的，在这类用户的外层是喜欢和不喜欢我们的用户，而最外层的才是铁杆粉丝和敌人。在这里需要强调的是，喜欢我们的用户和铁杆粉丝是不能等同的，这是两种不同的人群。

拿做生意来说，客户会喜欢善于对自己曲意奉承、投其所好的商家，但只会和这样的商家做小生意。所谓的铁杆用户就是重度用户，他们和自己信任的企业做大生意，信得过一个企业，并不表示喜欢这个企业。敌人就是竞争对手的铁杆粉丝，可以通过分析敌人，来侧面了解竞争对手。所以，当产品面向市场的时候，站在我们面前的是敌人、不喜欢、无所谓、喜欢、铁杆粉丝五个维度的用户。

梁宁进一步解释说，为了实现免费找到一千个铁杆用户，在做产品定义的时候必须首先为重度用户服务。那么什么是重度用户呢？比如，一家快餐店向客人提供十五元一份的盖浇饭，它的主要消费群体是年轻人，优势在于快餐店供应的米饭是竞争对手的两倍，可以保证年轻的男生吃饱，他们认为这家店不错。相对而言年轻的女生不认为过量的米饭供应是好事，除非和男生一起用餐。而快餐店通过这样简单的办法就赢得了重度用户。大量创业者的失败在于他们的产品大都服务于一般用户，没有特色，无法卡住用户的痛点。产品只有得到重度用户的认可才是有意义的，而重度用户的产品需求更高，他们在尝试各种各样的产品时，一旦遇到能够满足他们特殊需求的好产品，就会给其极高的评价。企业很容易通过他们的评价树立口碑，中立的用户一般不会给企业产品带来口碑。

在企业的产品场景设计中，绝大多数用户并不饥饿，他们属于中立用户，市场上存在着无数替代产品供他们选择，没有定性。只有重度用户才是饥饿用户，他们的需求与众不同，往往非常挑剔，一旦企业产品满足了他们的需求，就能留住他们的脚步。很多快餐店的老板不明白这一点，随随便便在街头开店，被动等待客人上门，结果惨淡收场，因为他们从来就不知道谁是饭店的重度用户。

大姨吗创始人柴可强调倾听用户的诉求，远比埋头做数据分析更重要。

2012 年 5 月，大姨吗苹果版应用程序甫一出现，就轻松爬上了 AppStore 应用下载的榜单，在第七名的位置待了三天，每天的新增用户近四万，可谓备受追捧。这样一来，柴可根本不需要再费心做产品推广了。同年 7 月，柴可再次优化产品，为了简化注册流程，大幅删减了用户注册所需填写的信息。他踌躇满志，期待着更好的成绩，没有想到月底一统计，用户的活跃度大幅跳水。柴可的团队通过仔细研究数据发现，产品的老用户并没有流失，问题出现在新用户的注册环节，有 30%的新用户在进入注册页面之后，放弃了应用。柴可说，经过一番“此处省略 1 万字”的努力，他们的团队最终发现由于某一款协议错误，新用户点击注册之后，页面无法成功提交。8 月份，几经订正的大姨吗新版本再度活跃起来。这次事件过后不久，柴可偶然在大姨吗用户反馈板块发现了一条被深埋的陈旧信息。该信息明确指出新应用“每次注册就闪退”，原来用户早在问题发生之初就把情况描述清楚了！柴可既兴奋又后悔，如果能够早一点注意到这些宝贵的反馈信息，就不会流失那么多粉丝了。

这次的教训让柴可深刻领悟到倾听用户的诉求，远比埋头做数据分析更重要。企业做微信营销要学会从用户的反馈中总结经验教训，要及时与用户进行互动，收听用户的各种意见，适当采纳用户的建议，才能不断完善自己。

柴可还说一个优秀的企业自媒体需要和用户有共鸣点。要做内容营销，就需要学会转化语言，而且要转化成用户听得懂的语言。比如，大姨吗小助手不会硬邦邦地提示用户不要喝凉水，它会一边“卖萌”一边劝告用户“你想痛经痛死吗”，这种刻意营造的闺蜜氛围，拉近了大姨吗和用户的心理距离。

第二节 善于利用粉丝的好奇心

人类的好奇心与生俱来，很难克服，是人们行为动机中最有力的一种。在日常生活中，企业产品的销售人员常常会适时制造悬念，巧妙地引起消费者的好奇心，从而牢牢地抓住他们的眼球，然后从容地展示产品价值，推销产品利益，以便快速进入交易阶段。在现在火爆的微信营销中，这种利用粉丝的好奇心达到营销目的的方式也随处可见，数不胜数。下文详细介绍一个利用粉丝好奇心，提高公众账号活跃度的案例。案例中提到的方法简单实用，且几乎没有成本，人人都可以模仿借鉴。

国内某个非常知名的新闻网站曾经利用过读者的好奇心来吸引粉丝。他们在站点的每条新闻页面下都增加了一个“猜猜看”的小游戏，有时是猜字谜，有时猜图片，有时做推理，有时做心理测试，读者想得到答案，就得关注他们的公众号。一般来说，他们的所有页面都使用统一的问题，通过后台系统调用，一改都改，随时可以更新。

> 谷歌街景服务是由专用街景车进行拍摄，然后把360度实景拍摄照片放在谷歌地图里供用户使用。这一服务虽然使枯燥乏味的地图阅读工作变得简单有趣，但也引发诸多争议和质疑。不久前谷歌街景拍摄车在希腊拍摄时遭到希腊数据保护局的询问，其日本街景拍摄队也遭到当地居民集体抗议，要求解决公民隐私权等问题。
>
> 根据了解，谷歌已经将所有拍摄到的车牌号和人脸进行模糊化处理。谷歌表示也允许某些地方的照片可以从谷歌街景中删除，只要用户提交不想让别人看到的信息位置即可，谷歌在收到请求后会让该地点无法显示。
>
> 【更多热点请手机下载《爱济南》客户端 山东大小事尽在掌握】
>
> 【猜猜看】"只"字加一笔是什么？ 关注微信公众号：[illegible] 回复"只"查看答案。

更多的时候，运营者可以巧妙地结合自身产品，推出一系列趣味问答，准备好答案和详细的分析过程，通过刺激读者对答案的求知欲来引导他们关注企业的公众账号。

用户看到有趣的题目时，总会忍不住去寻求答案，自然要对公众账号添加关注。另外，因为题目迎合了大众趣味，能吸引很多好奇心旺盛的用户分享转发，很容易在朋友圈得到流传。那些猜中的用户也可能在朋友圈里晒答案，能吸引更多的朋友来猜题。这种方法不但能够吸引陌生用户，还可以利用在公众账号的内部，提升粉丝的参与度。要知道，公众账号的活跃度是以活动为指标的，有活力的账号就是经常搞活动的账号，运营者只需要对猜中谜底的粉丝给予一定的物质奖励，就能简单地把猜谜游戏转变成小型的粉丝活动，提高粉丝的活跃度，而账号活跃度在很大程度上关系到公众账号在搜索引擎中的排名。

比如某品牌湿巾的公众账号，只是简单地让用户根据图片猜地名，赠送小礼品，就能拥有大量的粉丝和高居不下的活跃度。

运营者除了可以在推送消息的时候加入这些比较有趣的益智类问题，还可以根据自己的行业提出专业问题，或者结合企业产品做系列的猜题游戏，这样带来的粉丝更有针对性，有利于企业精准地筛选目标用户。

火遍大江南北的绝味鸭脖通过开发微信小游戏成功和消费者建立起密切的联系。绝味鸭脖的运营者推出一只拟人化的“绝小鸭”，然后精心设计了“找你鸭”、“猜图”、“数鸭子”、“绝味最嘎音”等一系列妙趣横生的猜谜活动，来吸引消费者的目光。在2013年6月初，他们还结合“高考”这一社会热点，推出了“绝味高考题”，同样得到了消费者的热烈反响。他们的题目不是简单的“拿来主义”，而是经过精细加工的，是具有独立“性格标签”的绝味题目。“你可以拒绝广告，但你无法拒绝娱乐”。绝味的这种娱乐化推广使用消费者喜欢的形式，传递产品信息，通过互动建立信任，才是微信运营的长久之道。

由于微信官方会重点打击那些“诱导分享”的公众账号，运营者在制作“趣味测试”类内容的时候，需要特别注意使用正确的方式方法。

比如，合理利用微博为企业公众账号吸粉。大部分的微信用户也是微博用户，微博上的热门消息和新闻总是传播得最快、最方便。很多“大 V”用户的粉丝数量可以达到千万级别，可以通过引流的方法把这些微博粉丝转化为微信粉丝。首先在微博上发布一条游戏测试，然后告诉粉丝想知道正确答案，“请搜索微信公众账号名称”或者“扫描图片二维码对公众账号添加关注”即可。让用户为了寻求答案“心甘情愿”地去做粉丝。

比如，合理利用朋友圈为公众账号吸粉。截至 2014 年年底，腾讯微信的国内用户数量已经突破 5 亿大关，微信已经成为人们生活中举足轻重的社交平台。很多用户喜欢在朋友圈分享自己欣赏的内容，趣味测试就是他们乐于分享的内容之一。这就提供了把个人名下的粉丝引流到企业公众平台的机会，具体操作方法和微博类似。

再比如，合理利用百度贴吧为企业公众账号吸粉。百度贴吧有广泛的用户基础，粉丝活跃度也非常高，运营者可以利用不同的操作方法为企业公众账号增加粉丝。腾讯官方不希望只有用户的内部流动，希望能有更多的新用户加入微信，所以企业公众账号要长远运营，就不能只着眼于内耗产品，要提供更有价值的服务，吸引外部用户，提高用户的活跃度和传播性。以上只是提出一个思路，运营者应该结合自身定位，找到适合的方式，坚持下去，形成规律。

第三节
服装零售的微推广策略

下面分析一个服装行业的成功案例，看看企业如何在具体活动中应用微信来做推广。

企业可以通过移动终端以扫描二维码的形式给用户提供商家的优惠折扣。这是一种既经济实惠又非常有效的促销形式。具体应用到服装行业当中，延伸出更具有发展潜力的方向，即向用户提供了随时随地的快捷网购服务。比如，在公交站和地铁站的广告牌上留下服装的二维码，用户就可以利用散碎时间通过移动终端，查看商品信息，如果满意的话，可以立即下单，促成快速便捷的网络交易，这也契合了服装行业快速变化的市场需求。以目前的形势来看，扫二维码很快会作为新兴的支付手段，占据主流地位。

2012 年 7 月 1 日，腾讯微信——微生活会员卡活动在北京朝阳大悦城拉开序幕，这也是微信首次针对地标性购物中心举办大型活动。在本次活动中，微信用户只要使用手机扫描朝阳大悦城专属二维码，即可免费获得朝阳大悦城微生活会员卡，凭会员卡可以享受众多购物优惠，40 多家入驻朝阳大悦城的品牌商户都为活动提供了支持。

企业可以通过“查看附近的人”来进行精准定位营销。服装销售行业的实体店商家在点击“查看附近的人”后，可以依据实体店的地理位置寻找到四周的微信用户，并向用户发送优惠券或者打折信息。这一应用为正在逛街购物的用户，提供了精准及时的购物信息，非常实用。通过这样的精准定位营销，实体店可以通过线上宣传，寻找大量客源，拉动线下销售。

企业可以通过“漂流瓶”来调动用户的积极性。服装销售行业的商家可以在促销活动期间修改“漂流瓶”参数，在同一时间段集中抛出大量用以活动宣传的漂流瓶，可以融合文字语音两种方式开发趣味小游戏，调动用户参与活动的积极性。

企业可以通过“朋友圈”来打造口碑。2013 年 4 月，移动终端应用程序“美丽说”宣布了与微信携手的喜讯，成为首批登录微信开放平台的应用之一。自此开始，美丽说的用户可以方便地将自己在美丽说中的购物经历分享到微信里。一般女性大都有在群聊中分享购物经历的习惯，美丽说和微信可谓天作之合，为服装销售行业开发了建立口碑的新方式。

企业可以通过微信公众平台和用户建立一对一的服务关系。企业公众账号不但可以向用户方便快捷地推送最新的产品消息和优惠活动，还具备完成客户咨询和客户服务的基本功能，是非常称职的客户关系管理系统。微信公众账号的这一特性又一次完美地契合了品种丰富、款式多样、色彩、面料、品牌繁复的服装行业，必定能成为销售的好帮手。

其实，所谓服装行业的微信营销，微信只是工具，营销才是其根本目的。深入分析微信营销带来的好处是可以帮助商家厘清思路。

第一，要抓住零售业和服务业的“社交+本地化+移动”时代。一个服装销售企业在过去要考虑如何依托线下的销售渠道实现大量销售，而现在应该认真考虑如何跟进线上营销，驱使更多的消费者到实体店或者官网消费，怎样利用互联网与消费者进行及时有效的产品或者品牌信息分享。这符合社交、本地化、移动时代的规律，也是微信营销的特点。可以利用微信庞大的用户基础，建立数字世界和现实世界之间的用户互动，可以随时随地通过移动终端来拉动销售。

第二，要学会与消费者建立良性关系。在社交网络里面，每一个品牌都在努力树立自己的正面品牌形象。比如，创建于美国的社交网络服务网站 Facebook 就拥有一大批活跃品牌，这些品牌每个月都会被他们的消费者赞扬几百万次，在数字世界中拥有庞大的品牌影响力。在中国，微信几乎成为所有用户移动终端的标配，这一点使企业通过微信营销在数字世界中树立起强大影响力的品牌形象成为可能。

第三，在市场营销推广方面，微信公众账号的强大功能使其区别于传统手段，能够快速树立企业的线上形象，更加精准地推送企业产品信息，通过和用户的即时通信，更加容易地得到反馈结果，可以清楚地考量营销效果。

总而言之，微信营销是服装零售行业的未来发展趋势，拥有不可估量的潜力和市场。

第四节 打好“一对一”的感情牌

微信公众账号的自动回复机器人，给粉丝带来了无限的乐趣。有很多用户尝试过关注自己喜欢的明星，往往在最初添加成功的时候，可以收到机器人自动回复的一段明星原声欢迎词，虽然明明知道是录音，但还是让人产生了拥有和偶像对话的错觉，而激动得“脸红心跳”。当然了，如果粉丝再多说点什么，它就会露出机器人的真面目，不是保持沉默，就是开启复读机模式，高级点的会偶尔回复几句似是而非的通用语。忽然某一天，粉丝接到明星发来的微信，或是节日祝福，或是电影宣传，演出宣传，活动预告……麦当劳也推出过一个“麦食大盗”的人物角色，每天都会给用户推送多条媒体信息，有文图，也有超链接，打开之后或是短片或是录音，都是一些有关“麦食大盗”的小故事。与之类似的还有“星巴克中国”、“中国移动”、“滴滴打车”、“顺丰”、“艺龙”、“美丽说”等，都备受追捧。

企业的运营者普遍认为微信营销不但成本低廉，而且有100%的信息到达率，是一种高效的营销模式。他们都乐于投入到这种新模式中来。这些公众账号为什么能够得到用户的青睐得以广泛传播呢？

不同于“一对多”的微博和“高高在上”的品牌主页，企业提供的微信服务，给用户一种“专享”的感觉，这种“一对一”的交流沟通，大大提升了“用户体验”的品质。第一，它提供了足够精准的信息，每一位用户都可以主动观看企业在公众平台上展示的产品信息。这些信息比起大众传媒广告纯净度更高，也更及时。第二，微信多媒体化的表现手段能够满足用户个性化的消费需求。第三，企业客户可以通过微信平台直接与一线销售人员沟通，直接交易。

以前，企业通过传统媒体做营销，运营成本高，也做不到有效监测。微信公众平台的出现解决了这一难题，它使企业既能精准地推送消息，又能及时从消费者那里得到反馈。它使企业和消费者保持一种平等的关系，使二者在相互了解的基础上建立信任。

微信产品部副总经理吴毅表示：“我们发现当有了移动互联网、有了公众号微信支付的时候，我们可以为实体门店、实体商业与用户之间建立很多数据化的链接。”比如，通常情况下，百货零售商并不了解消费者的真正需求，只能提供尽可能多的品牌信息。但是现在什么样的问题都可以通过数据分析来解决。

一方面，那些拥有大众化市场的品牌企业把微信当作服务用户的平台，比如，中国移动的公众账号就向用户提供了全面的查询、咨询、缴费等服务，给用户的生活带来了极大的方便；另一方面，那些利基市场很小的品牌把微信平台作为服务的前端和延伸，比如，某家特色餐厅提供路线地图、订餐服务和最近发生的趣事，与用户建立起良好的情感沟通。其中，有一点值得我们特别注意，现在有很多企业的公众平台是通过机器人来运营的，这和自助电话的功能没有区别，这样的互动是单向的，是不完整的。如果用户关注了肯德基的公众账号，而它连“最近的实体店在哪里”的问题都回答不了，那就太令人失望了，特别是放在“一对一”的私密沟通环境中，这种失望会伤害用户对品牌的情感。总而言之，企业公众账号的运营者要有创新思维，利用好微信这个平台，谋求与目标用户的互动，而不是一味地发传单，白白消耗粉丝对品牌的情感。

目前而言，微信营销还处于探索阶段，企业还没找到一个固定的成功模式，可以通过以下经典案例一窥大品牌的营销思维，看看他们是如何向粉丝打感情牌的。

案例一：杜蕾斯的“杜杜”抽奖回馈活动

相信大家对杜蕾斯都不陌生，每每提及经典微博销售案例，总有它的身影，这个在微博上红极一时的“杜杜”也来到微信平台，开启了“杜杜小讲堂”。当然，备受广大用户追捧的还是它发放的免费福利。

2012年12月11日，杜蕾斯公众平台推送了这样一条消息给用户："杜杜已经在后台随机抽中了十位幸运儿，每人将获得新上市的魔法装一份。今晚10点之前，还会送出10份魔法装！如果你是杜杜的老朋友，请回复'我要福利'，杜杜将会继续选出10位幸运儿，敬请期待明天的中奖名单！悄悄告诉你一声，假如世界末日没有到来，在临近圣诞和新年的时候，还会有更多的礼物等你来拿哦。"该活动一出，短短2个小时，就收获了数以万计的用户回复和新增粉丝。微信营销的魅力在这里被演绎得淋漓尽致。

案例二：微媒体的关键词搜索和陪聊式营销

微媒体是最早一批注册并实现腾讯官方认证的微信公众账号，一直专注于互联网传播营销案例和营销理论。该类公众账号有一个针对用户的撒手锏——每天只推送一条消息给用户，这一条消息自然不能满足所有用户的需要，有的用户希望看到营销案例，有的用户希望了解新媒体现状，微媒体通过引导用户对关键词的自主搜索，实现了相关消息的推送。另外，它们的公众平台还具有陪用户聊天的功能，如果有用户向平台发送"你好"的信息，"小微"就会启动聊天的程序。

案例三：星巴克的音乐推送

运营者把内容做得有创意，公众账号才能有生命力。星巴克推出的音乐营销超越了回复关键词的旧模式，开发出回复表情的新功能，直击用户的听觉神经。在用户搜索其微信账号或者扫描二维码以后，可以发送表情图片来表达自己的心情，后台根据不同的图片，选择专辑《自然醒》中的相关音乐给予回应。人工还是智能？傻傻分不清楚！

案例四：头条新闻可以实时推送

新闻的即时推送是头条新闻最大的卖点，它回定在每天下午六点钟，向用户推送一天中最重大的新闻消息，让粉丝可以通过微信平台来了解新闻，省去了在海量信息中筛选重点的过程。头条新闻把定时推送的时间固定在上班族的下班时间，使他们可以在完成了一天的繁重工作后，阅读文章得到调剂，既可以了解社会，又可以排遣路途中的无聊。

案例五：小米手机的大客服营销

小米手机的微信公众平台独创了“9:100”万的粉丝管理模式。小米手机公众账号的后台客服人员只有 9 名，他们每天要面对 100 万粉丝的留言，这看起来似乎是不可能完成的任务。其实小米公众账号的后台系统，是经过二次开发的，可以实现自动抓取关键词——回复的功能。当然了，小米的客服人员还是会尽可能地对用户的问题进行一对一的回复，它们通过这样的方式，来提升用户的品牌忠诚度。这种通过微信公众平台做客服的方式也给小米带来了实实在在的经济利益。小米科技联合创始人黎万强表示，微信大大降低了小米手机的营销成本和客户关系的管理成本。过去小米要做促销活动，通常需要给用户群发短信，每 100 万条短信发出去，要产生 4 万元的成本，现在通过微信平台这个成本大大降低了。

案例六：1 号店的小游戏营销

1 号店在微信公众平台推出了“你画我猜”的活动，每天推送一张图片给粉丝，用户只需要向公众账号回复答案就可以简单地参与游戏。如果能够猜中答案，并且抢先发送，就能按照获奖名次，领取奖品。其实，这个“你画我猜”的游戏概念并非 1 号店自主研发，而是 1 号店看到这个游戏适应微信运营的优点，巧妙地把它应用到了活动推广中。

案例七：南方航空的服务营销

中国南方航空公司的胡臣杰表示：“在南航看来，微信承载着沟通的使命，而非营销。”其实，早在 2013 年 1 月，南航就首创性地发布了其微信公众平台的第一个版本，随后又不断开发完善了新功能：机票预订、办理登机牌、航班动态查询、里程查询与兑换、出行指南、城市天气查询以及机票验真等这些以前必须通过其他复杂渠道才能够享受到的服务，现在都可通过微信公众平台来实现。

第五节
优惠服务“拉用户”重复消费

在用户眼里，企业公众账号只有两个功能：首先它是信息来源，提供客户服务；其次可以通过它来参与企业的优惠活动。所以，商家想给公众账号吸引更多的粉丝，最快、最有效的方法就是做活动。

有研究指出，微信公众账号的曝光率符合一带四的原理。这就是说如果有 100 个人会看到发布的内容，其中有 20 个是粉丝，他们会直接通过公众平台挑选内容，然后发布到自己的朋友圈，而他们的朋友，大概有 80 个人，是通过朋友圈来阅读这些内容的。所以，单纯做一个靠内容漂亮来安静吸粉的公众账号是不够的，会订阅我们的粉丝，只是目标用户群的 20%，还有 80%的潜在用户正默默地躺在粉丝的朋友圈里。企业公众账号的运营者只有通过积极做活动才能最大化地利用粉丝的朋友圈，让更多的潜在用户醒过来。现在通过一个发放优惠券的案例，讲解一下如何唤醒粉丝好友列表里的僵尸粉。

首先，活动的标题不能超过十个字，必须让粉丝一看就能够注意到里面有好东西。

其次，活动的内容必须明确，要结合吸粉的目标来写。比如，粉丝专享优惠券、回馈粉丝送礼品、扫码就得专享价、粉丝新品半价，等等。

最后，要设置活动引导页，把针对粉丝开展的优惠活动说清楚，除了参与的规则还要设计一些活动亮点。比如，分享给朋友圈，截图可参与抽奖，等等。活动设计了不同层次的奖品，才能激发粉丝的参与积极性，让他们乐于去赢取奖励。用户的心理并不难掌握，如果单纯关注就能赢得优惠券，分享到朋友圈并反馈截图还能得到第二件奖品，分享的动作指令并不比关注难多少，奖品却实实在在摆在那里，如果是我们自己，会去拿第二件奖品吗？答案一定是肯定的。

运营者通过活动宣传，使更多的用户在移动互联网或者线下广告中看到了企业产品，提高了企业的知名度，通过向粉丝发放优惠券召唤了老粉丝，赢得了新关注，促进了粉丝向客户转化。这也就是所谓的 O2O 商业模式，即 Online To Offline，就是利用互联网服务创造线下商务机会，让网络成为线下交易的服务前台。商家可以线上揽客，线下服务，消费者可以线上筛选商家，在线结算交易。对商家来说，这种模式的每一笔交易都可以跟踪，其推广效果也是明晰可查的。O2O 商业模式在现实的操作中存在两种不同方式，一种是“推用户”，另一种是“拉用户”。所谓“推用户”即商家在得知用户产生消费需要后，向用户推荐产品或服务。例如，大众点评网的使用场景，用户产生了寻找饭店的需求，但是不知道具体要吃什么，通过微信搜索找到大众点评网的公众账号，系统自动推送给他们一个符合预算、距离较近、口味适当，但可能不是很熟悉的饭店，然后用户兴致勃勃地去消费。

“拉用户”的方式就是送粉丝优惠券，商家通过微信 6.0 版本提供的原生卡票券系统向粉丝发放打折券、抵用卡，吸引粉丝消费，当持有优惠凭证的粉丝产生消费需求时，就会主动到周边实体店进行消费。“推用户”是传媒方式，其目的在于宣传，让更多的用户知道商家，选择商家。“拉用户”是服务方式，其目的在于树立口碑，即通过优质的服务，吸引老用户重复地来消费。微信官方希望通过原生卡票券系统让企业公众账号的运营者明白，不要把微信当作营销的媒体通路，应该认真思考如何开展基于社交的商业服务。

第六节
定位正确内容，连接用户需求

运营者每天编辑的微信公众账号，是一家公司或者某个品牌的对外宣传渠道，也是一个以编辑为核心运作的独立媒体。运营者要做好企业公众账号的编辑工作，不但需要研究如何满足用户需求，追求客户价值的最大化，还要研究如何以市场为导向，通过内容连接用户。

运营者究竟如何才能通过内容连接用户呢？简单来说，就是要摸清公众账号的风格定位，合理调度文章内容，通过调整文图排版和推送时间来培养用户的阅读习惯。这其中有三个方面值得特别强调。

首先，在内容的选题方面，要懂得结合企业形象做内容定位。

内容可以为读者提供哪些方面的独特价值？或者反过来思考，文章能吸引哪些读者？这些人是不是企业品牌的目标用户群？提供的文章能不能帮助目标用户解决问题？有没有戳中用户的痛点？举例来说，《她 12 岁，供四个哥哥上大学，哥哥们为她穿孝衣》这是一个典型的可以引起读者“好奇心”、“敬畏感”和“同情心”的标题，但是很难甄别这篇文章到底是为哪一类人准备的，不能判断它能为用户解决什么问题，戳到用户的什么痛点。而《连续强势逼空，谁是攻击 4 000 点领涨股》就有很明显的目标用户——股民。每一位企业公众账号的编辑，都同时是企业的产品经理，二者的核心能力都来源于对产品的理解，对客户的理解以及对客户需求的理解。每天推送的文章，就是持续满足客户需求的产品；做企业公众账号的维护，就等于在做产品运营。总之，编辑一个企业公众账号需要有严谨的态度。

其次，在文章的细节方面，要追求精益求精。

鲁迅先生说过，“写完后至少看两遍，竭力将可有可无的字、句、段删去，毫不可惜。宁可将可作小说的材料缩成速写，绝不将速写材料拉成小说。”先生是在告诫我们删掉可有可无的字，不要浪费读者的时间。北宋时期的大文豪欧阳修每次写完稿子，总要贴到墙上，反复诵读，反复修改，直到自己满意为止。他的夫人劝他说，“何必要辛苦到这种程度呢？难道你的文章还怕被老先生们耻笑吗？”欧阳修回答说，“不是怕被老先生们批评，却怕为后生耻笑啊。”

虽然现代互联网给媒体资讯的载体带来了翻天覆地的变革，传播的手段和载体都与古代有巨大的差别，但作为一名优秀编辑的根本职责还是没有改变——精简语言，完善细节，给读者带来阅读的享受。具体到微信公众账号的内容编辑，单单以图片选择为例，就要关注图题是否契合、大小是否合适、像素是否清晰、布局是否合理及色彩是否协调等问题。显然，这些都不是一朝一夕能够做到的。此外，标题、版式、导读、彩蛋设置，都需要编辑的精心设计。

每次发布文章前，都要问问自己：文章有没有提供原创性的信息？这些信息是否可信？文章的主题是否肤浅？是出自专家学者之手还是来路不明？是否存在事实错误？读者会不会感兴趣？能不能在搜索引擎中取得较好的排名？文章的排版是否清爽漂亮？有没有拼写错误？内容加载是否顺畅？文章的内容是否受时效限制？有没有实质内容？能不能给读者带来帮助？有没有真情实感？能不能使读者产生共鸣？篇幅是否合理？是否过于臃肿？读者会不会产生抱怨？除了文图的形式还有没有其他的表现形式？网页的链接是否已经失效？有没有涉及敏感问题？这篇文章是出于精心设计还是匆忙而就？我们自己有没有收藏的冲动？会不会向朋友推荐……

编辑文章的时候要养成质问自己的习惯，如果企业公众账号发布的内容连自己的员工都不喜欢，何谈吸引粉丝？我们要向欧阳修学习，在每次完成初稿之后，反复阅读，反复修改，不断重复思考这些问题，养成良好的编辑习惯，久而久之就会不再需要刻意调整，已经融会贯通。

最后，每一个企业公众账号的编辑在发布信息前都应该把以下问题在脑子里过一遍，对推送的文章可以产生什么样的效果有大概的心理预期。

（1）文章的读者是谁？他们有什么特点？是否与企业产品和品牌的定位相符合？

（2）文章的读者通过什么渠道看到这篇文章？朋友圈？微信群？还是其他粉丝的直接推荐？

（3）阅读这篇文章有什么样的感受？兴奋？同情？还是担忧惊恐？文章对用户会产生什么影响？

（4）用户的下一个动作是什么？会不会主动去了解主题概念？会不会分享到自己的朋友圈和微信群？

（5）文章中提到的主角能不能看到这篇文章？比如，写格力电器，董明珠会不会看到？写锤子科技，罗永浩能不能看到？

（6）在文章的第一个阅读期过后能做什么？根据观察，与很多新上映的电影第一周票房一样，微信公众账号的文章在为期三天的第一阅读阶段后就会陷入阅读量和转发量的增长停滞期，需要采取一些措施来推动文章的阅读。比如，设置文章关键词，新文章推荐往期经典，制作合集……

（7）主题和创意还有没有其他表现形式？语音、视频、漫画的立体化呈现手段，会不会更容易传播？能不能吸引更多粉丝？

（8）同样一个主题，竞争对手是怎么表达的？

（9）如何收集读者的真实感受？调动粉丝的活跃度？

（10）文章有市场价值吗？为什么有些内容一般的公众账号可以有高居不下的广告价位？

总而言之，企业公众账号的内容生产、消息推送和品牌传播的成果终究要落在用户价值和市场效应上，一个好的编辑必须要对粉丝负责。

第七节 用户的行为习惯分析

《孙子·谋攻篇》有云：“知己知彼，百战不殆。”公众账号要获取粉丝，就要从感性判断走向理性判断，了解用户内心的真实想法，掌握用户的行为习惯，并且以产品化的心态运营账号。

首先，要了解有可能关注企业公众账号的用户由哪些人构成。

由于微信在中国占据了绝大多数的移动终端，所以微信用户和普通移动互联网用户的分布基本重合，都分布于我国的经济发达地区，大多为收入在 5000 元以下的上班族和暂时还没有独立经济来源的 90 后。企业公众账号的运营人员要充分考虑这一偏年轻化用户群体的心理状态，在制作公众账号的内容和活动时，抓住用户的需求，多创作一些趣味性强、粉丝参与度高的活动，提高文章的点击率和分享量。

其次，要了解用户的行为习惯。

在移动互联网中，绝大多数用户所关注的公众账号数量不会超过 20 个，其中企业公众账号占有的份额并不高，还有很大的发展空间。不感兴趣和惧怕受到骚扰是用户不愿意关注企业公众账号的主观原因，不懂操作、不知道如何添加关注，是用户放弃关注企业公众账号的客观原因。所以，商家引导用户添加公众账号时可以向用户说明自身以服务为本的特点，不会在后期的运营中骚扰用户。针对部分用户不会添加公众账号的问题，运营者要学会精简关注流程，用最简单的提示语留下用户。

微信用户对励志类文章、工作技能类文章和旅游休闲类文章认同度较高，与此相关的公众账号也大受欢迎。励志格言和幽默小品在朋友圈大行其道，心灵鸡汤和养生秘诀也备受用户青睐，时政要闻和工作技能也属于热门内容。

大部分用户希望自己关注的公众账号一次推送 1~3 篇文章。一次推送太多的消息容易给用户带来视觉压迫感，引起用户的逆反心理。运营者应该针对文章的内容多下功夫，推送得多不如推送得精，能够打动用户的好文章有一篇足矣。用户最喜欢篇幅适当、文图搭配、排版清爽、逻辑严谨的文章，这样的文章可以带来视觉和思维上的双重享受，哪怕文章的内容与企业公众账号的定位不甚相同，也乐于接受。

需要特别强调的是，很多企业公众账号的运营者为了片面追求阅读量，经常罔顾自身品牌定位推送一些笑话段子、养生常识、野史秘闻给用户，利用人们的猎奇心理来吸引粉丝。这样虽然可以给公众账号带来一时的热度，却存在两大弊端。一个是绝大多数用户并不是企业产品或品牌的目标用户群，真正的目标用户反而因为不胜其扰对商家取消关注；另一个是大量与企业本身无关的文章推送会淹没相关文章，降低阅读量。当太多的假粉丝充斥公众账号时，就会影响真粉丝的用户体验，并非好事。可以把那些用户乐于分享的文章归纳为三类：思想深刻有创新观点的文章；与用户自身息息相关的文章，比如，生活常识、工作技能、明星八卦、本地新闻，等等；时政要闻。企业公众账号的运营者只要把握住大方向，一定可以提升转载率。

《纽约客》曾在发表的研究性文章中指出，那些让读者感到兴奋且主题积极的文章、引起读者愤怒或恐慌的文章、说明读者聪明和见多识广的文章、有实用价值容易记住的文章和那些能够给人们带来启示的故事，更容易被读者分享给别人。

粉丝把公众账号的文章推荐到自己的朋友圈，可以给企业公众账号带来大批真实活跃的目标客户群，这是公众账号新粉丝的主要来源。另外，一些用户属性基本一致的公众账号之间可以相互推荐，大部分粉丝都愿意接受来自关注对象的推荐账号。针对部分喜欢自己搜索的用户，运营者可以选择一个重要的关键词作为账号名，这样获取的粉丝也会更加精准。

随着微信公众账号的泛滥，大批用户选择对尸位素餐的账号取消关注。企业公众账号的掉粉现象愈演愈烈，部分账号的粉丝数量甚至出现了负增长的态势。究竟是哪些原因促使粉丝对公众账号痛下杀手呢？

对企业公众账号推送的内容不感兴趣是用户取消关注的最主要原因。虽然定位于客户服务是大部分企业公众账号的未来发展方向，但目前来讲，公众账号还是以媒体属性为主，为用户推送质量过硬的内容依然是工作的重中之重。所以，企业的运营者需要认清自己公众账号的定位，紧贴定位制作内容，用恰当的内容来吸引目标用户的目光，做到言之有物才能不掉粉。

用户对企业广告的厌恶是公众账号掉粉的又一重大原因。广告是大部分公众账号赖以生存的基础，但是运营者轰炸式的广告推送是引起用户逆反心理的主要原因，特别是那些制作水平不高的硬性广告。

用户无法获得需要的信息，反而受到大批广告的骚扰，必然会取消关注。与之相对的另一种情况是，除了那些实用性或者服务性很强的企业公众账号，用户也很容易对长期没有内容更新的公众账号取消关注。所以，运营者既要注意企业产品广告的品质，又要注意其发送频率，要在盈利和用户服务体验之间找到平衡点。

区别于目前大部分习惯被动接收信息的企业公众账号，一批眼光独到、洞察先机的企业公众账号以功能性为核心，针对端口进行了服务功能的二次开发，但是新功能的用户体验感较差，使用户失望，造成了大批用户“取消关注”。强调企业公众账号的服务功能，已经成为当今企业微信营销的潮流和趋势，这就要求企业在二次开发过程中依据自身特点，用心思考：能用什么样的东西打动用户？用户需要什么样的功能？那种“别人有什么我们有什么”的功能设置只是流于形式的敷衍，为了开发而进行开发，对企业公众服务平台的打造毫无意义，甚至是有害的。

还有一小部分用户会在享受到商家的优惠活动以后取消其对公众账号的关注，这一点提醒商家要把线上活动和线下活动紧密结合，掌握好线上消息的推广节奏，要学会调兵遣将，循序渐进，抓住用户的目光，让他们舍不得取消关注。

很多商家的公众账号还保持着圈粉丝推送广告的老思维，这是导致用户对其望而却步的重要原因。用户既不会关注冷冰冰的机器，也不会喜欢广告集散地。商家不能把公众账号作为一种摆设，要向用户展示自己真正的价值，突出亮点，才能获得用户的持续关注。用户喜欢的公众账号有关于旅游休闲的、银行理财的、餐饮外卖的、电商购物的和学校培训相关的，这些都和日常生活的方方面面息息相关。

担心消费权益得不到有效保障是绝大部分用户不愿意在商家的公众账号上消费的原因。作为载体的移动终端往往屏幕小、功能单一，给用户的操作带来了麻烦，也在一定程度上阻碍了用户的消费。所以，企业公众账号要向淘宝学习，进一步加强软件建设，完善交易细则，保障用户权益，同时加强硬件建设，出台一套更加便捷的操作系统，这将大大提高线上的成交率。

第八节 水果店的微信营销妙法

学习微信营销，要多分析案例，一方面可以看到微信营销的真实可靠；另一方面可以从中汲取经验教训，在实操的过程中少走弯路。一家在住宅小区里面销售水果的实体店，店面不大，员工也不多，年轻的老板采用了微信营销的方式来创业，取得了阶段性的成功。

这家水果店的微信账号命名为某某小区水果店，采用了垂直命名的方式，直接告诉用户自己的职能和地址，简单明了。他们还在签名里面写明联系方式，并且提供送货上门服务。只要用户关注了水果店，他们就会主动发问：您是不是附近的住户？有没有本店的会员卡？最近有一批新鲜水果上市，可以来店里看看吗？亲切又不失礼貌，令用户读起来很舒服。

这家店的微信账号粉丝不足 900 人，每天的线上平均营业额却超过 2700 元。具体而言，他们有三个成功经验。

首先，合理利用“附近的人”精确定位营销。水果店所在的小区附近还有几个大型的生活社区，住户的总量在 3 万左右，除了常规的线下营销手段，水果店通过微信账号每天主动添加附近的人为好友，并且用特别标志在备注里面标识小区周边的常住用户，这样一来，每天途经水果店的路人，都有可能作为新用户被添加到他们的客户名单里面，店员们的努力为水果店积累了大量精准有效的粉丝。

其次，水果店的微信账号每天都积极主动地在朋友圈推送信息。最初，店员发送的内容并没有明确的规划，想到什么就发布什么，内容杂乱无章，因此损失了部分粉丝。后来他们把内容分成新品播报、产品展示、水果与生活、与客户发生的故事、小区新闻等模块，按照既定的规则，在每一个主题下面定时发布，效果好了很多。后来水果店还举办了创意活动，通过微信圈向客户介绍小区保安，讲述他们工作背后的故事，这样的活动备受业主好评，起到了非常好的互动效果。

最重要的是，水果店通过这样的活动和小区业主建立起了牢固的友谊，得到了他们的高度信任。新鲜有趣、与自身生活息息相关的内容代替了水果店海量的促销广告，抛去过于明显的“功利”心和销售企图，停止对用户的促销骚扰，反而给他们带来了更多的销量。水果店每天推送的圈子内容，吸引了用户的目光，就像不计成本的传单一样，而且拥有相当高的信息到达率。

最后，水果店的送货上门服务，促进了产品销售。水果店的粉丝常常会就水果的价格、数量、口感和卖家沟通，其他用户在看到分享之后，往往会产生消费的冲动，老顾客的消费带动了新顾客的消费，给水果店的运营带来了惊喜。水果店送货上门的服务简化了顾客的消费行为，动动手指就能通过微信下单，刺激了人们的消费欲望，征服了大批年轻的“懒汉”。

水果店最初只有一个专职送货员，生意好了后，订单多了起来，为了能及时送货，不得不增加送货的店员，这样就增加了成本，而碰到不好的天气，店员也不情愿送货。后来水果店决定每次送货加收 4 元送货费，归送货员独得。4 元钱不多，却能调动店员的积极性，为了解决送货的矛盾，水果店安排店员轮流送货。在顾客方面来说，4 元钱和停车费差不多，相对合理，那些愿意让水果店送货上门的顾客不在乎多花这几块钱。也有老顾客抱怨了几句，但是店员细心解释，现在人工成本高，送货费是单独给送货员的，如果不收费恐怕要取消送货服务了，老顾客也接受了这个解释。同时，因为水果店要收取送货费，顾客为了降低成本，不得不精打细算，每次订货的时候都要多选一些，从而增加了水果店的营业额。

第九节
运营者要有“粉丝思维”

微信公众账号以用户为基础，从诞生的那一天起就注定了它不断追求粉丝的特性。如何增加企业公众账号的粉丝数量，是运营者最为关心的话题。虽然一个健康的公众账号的运营不是完全以粉丝数量为导向的，但是如果没有大批粉丝的关注，内容再好能推送给谁？又谈何品牌推广与企业运营？

本书介绍过很多公众账号吸引粉丝的方法，其中重要的一点，是要求运营者能够拥有“粉丝思维”，基本可以总结为一个中心，三个要点。

一个中心是指企业公众账号通过策划微信活动裂变增粉。

什么是裂变增粉？企业公众账号的运营者都应该知道，组织一个用户活动只有在被广泛传播的情况下，才能起到良好的宣传效果，如果活动消息的传播范围窄小，是没有任何效果的。裂变增粉，顾名思义，就是让参与活动的粉丝与身边的人分享活动经历，刺激他们参与到活动中来，通过新粉丝的分享，再吸引更多的粉丝，就像细胞的裂变繁殖一样。

微信营销中存在下面四种裂变增粉的常见模式。

第一种是投票排名法。用户只有在关注公众账号后，才能投票或发起投票。这种模式可以帮助公众账号迅速增加新粉丝，只要活动有足够的吸引力，目标用户就会兴致勃勃地参与到活动中来，并很可能自愿成为新的一批传播工具。

第二种是晒图点赞法。这种方法本质上和投票排名法一样，只是形式稍有不同。

第三种是活动邀请模式。企业公众账号的粉丝只有在邀请了足够数量的用户一同关注公众账号后，才能参与企业产品或服务的优惠活动。能否巧妙地对粉丝设置邀请方式是这种模式的核心要点，优惠要有足够的吸引力，动作难度不宜过高，否则很难取得活动效果。

第四种是要求粉丝分享回复。粉丝只有在自己的朋友圈分享信息才能参加活动，这种模式有简单的操作指令，对粉丝只有基本的动作要求。因为粉丝参与活动的心理成本低，所以容易达到运营者渴望的传播效果。

另外，运营者组织一场公众账号活动要抓住三个要点。

第一，活动的设计必须要戳中用户的痛点，最大限度地把粉丝吸引到活动中来。腾讯微信自 2011 年 1 月推出以来，一路蓬勃发展到如今，其用户经历过各式各样的活动洗礼，已经略显麻木。企业公众账号的运营者要策划有吸引力的活动，就必须了解用户的需求，拿出有吸引力的东西，这可能是资源、产品，或者心理满足感。比如，针对一群企业公众账号的运营者做活动，可以思考一下什么东西会对他们有吸引力？

第二，用户参与活动的方式必须简单易懂。活动的流程要设计得简单方便，最好能够两步走：一键发布、一键分享，邀请新人也最好不要超过三个；然后用户晒截图，获取资源。微信用户的总体年龄偏低，主要以生活节奏快的年轻人为主，运营者如果把活动流程设计得过于复杂，那么便无法吸引他们参与到活动中来。

第三，要最大化地覆盖传播渠道。

从微信营销的大环境来看，无论是活动内容还是传播渠道都至关重要，一个都不能少。虽然活动内容本身的高质量会促进粉丝的裂变，但这种裂变还存在着一些不确定因素，需要通过尽可能多的营销渠道来弥补。

下面我们介绍一个幼教行业的案例，看看他们是怎么通过活动在短时间内大量增加粉丝的。此次活动的主题和思路都很有价值，值得我们好好学习。活动的主题是“评选最受欢迎的节目”，参选的节目以班级为单位，号召家长投票。这个主题巧妙地利用了人们的好胜心——有哪一位家长不认为自家的孩子最棒呢？大家都希望自家孩子的班级能够在评选中脱颖而出，一旦接收到从老师那里传出的消息，就会积极关注，自发投票，甚至拉拢身边的亲朋好友，一同参与到活动中来。有时候满足用户的好胜心理和荣誉感，比带给用户物质奖励更有效果。另外，不同的群体，他们的痛点是不同的。我们做活动必须要找准目标用户群在意的荣誉点，这样才能调动用户参与活动的热情。从这个例子可以看出，学生家长的痛点是：我们家的孩子最优秀。在这个最高级别的驱动力面前，物质奖励的作用已经微乎其微了，主题能够戳中家长“舐犊情深”的情感痛点，才是活动得以火爆进行的第一要点。运营者要根据用户群的特点来策划活动，如果用户群是在校生就策划校花评选，如果用户群是家庭主妇就策划萌娃大赛，如果用户群是驴友就策划晒最美行程……

另外一种比投票更能为公众账号增粉的模式就是排行榜。排行榜通过晒排名的方式可以激发人们更多展示自我的心态。大学生是这类喜好“打榜”的代表人群，他们思想单纯，物质欲望相对淡泊，向往外界对自己的认可和赞扬，荣誉感强烈，一旦参与活动，就会十分努力地为自己拉票。运营者可以针对这一校园现象，构思活动。比如，设计一次大学社团的评比活动，要求学生对社团投票，公布最佳社团榜单和最佳贡献值的个人榜单。社员为了让自己的社团成为最佳社团，会动用自己的一切资源去拉票，这样在很短的时间内就能带来粉丝的增长。

最后，我们来分享一个关于儿童手表的微信销售策划案，看看运营者是如何在其中运用“粉丝思维”的。运营者在做产品策划的时候，首先要有一个明确的产品定位。产品的名称是某儿童卫士智能手表。该产品具有定位和录音的功能，让家长随时知道孩子的位置，可以用于保障 3~8 岁儿童的安全。因为女性比男性更乐于分享文章，所以企业公众账号的目标客户群是孩子的母亲。经过长期的观察，运营者发现年轻的母亲们都喜欢在自己的朋友圈，大量展示自己孩子的信息。针对这一需求，运营者策划了主题为“萌娃大作战”的活动。参赛者可以晒出孩子的照片，累积投票，赢取“最萌宝贝”的称号，并获得相应奖品。

运营者认真打磨了活动细节。首先，为了提高用户活跃度，强化比赛的竞争气氛，运营者精心设置了活动奖项：一等奖 1 名、二等奖 20 名、三等奖 200 名。希望能通过合理安排奖品数量刺激参与者的拉票积极性，更好地传播活动。

其次，设置了公开透明的参赛排行榜，实时更新内容。很多人认为，通过排行榜公开参赛宝宝的名次可以刺激家长的活动积极性，现实情况则不然，如果参赛者看到自己的名次和排位第一的宝宝相差甚远，完全没有得奖的希望，很可能放弃活动。所以，运营者设计每一个给宝宝投票的用户只能查询宝宝的当前名次和前一名的票数差距。通常情况下，这个差距不会很大，参赛者感觉只需要稍稍努力就能迎头赶上，增加了投票的热情。运营者还选择在活动时间过半的时候公开前 21 名的成绩，以便大家监督。

由于本次活动的目的是增加公众账号的粉丝，所以参与者想给宝宝投票就必须关注企业的公众微信账号，这虽然增加了参与活动的难度，却没有产生负面影响。因为活动的主题戳中了目标用户的痛点，他们对自己的孩子越重视，就越会努力地争夺冠军。我们在活动中增加的参与难度不会削减他们的热情。

再次，运营者设计每一位粉丝每天有三票的投票权。因为用户每天都有投票的机会，所以企业的活动信息会不断在用户的朋友圈和微信群之间传播，最大化地利用了传播渠道，增加了活动的影响力。如果同一用户有三个朋友参加了这个活动，他不必为做选择而烦恼。设置三票制可以提高用户刷票的成本，预防作弊行为。

第四章

看微商如何玩转朋友圈

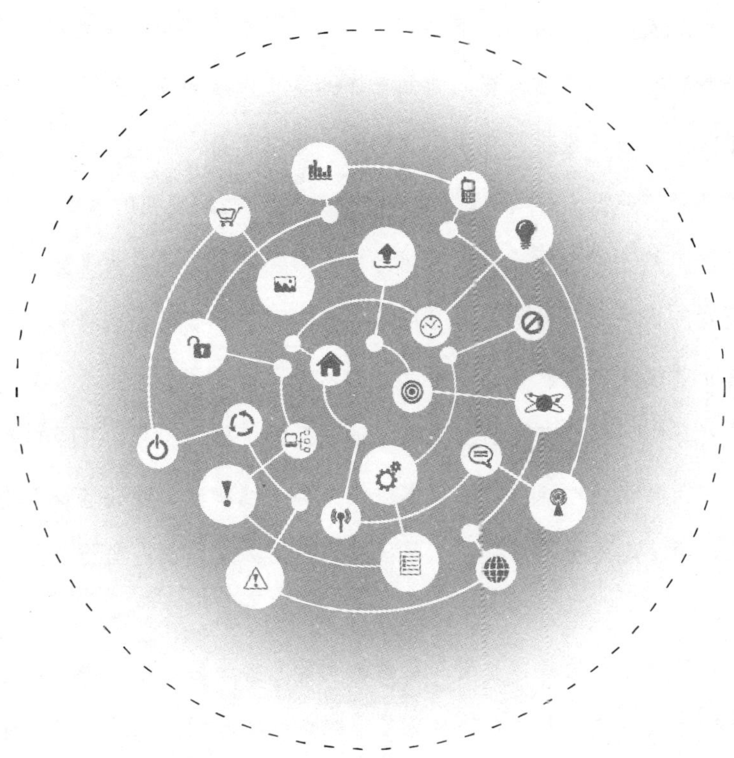

2013年，企业公众平台推送的产品信息和营销内容还在席卷广大用户的朋友圈。2014年，微商就已经取代了公众平台，成功抢占了用户朋友圈绝大多数的位置。他们推送的各种代购消息活跃在用户朋友圈里，令人目不暇接，可谓花样翻新，层出不穷。在这一年，微商的数量迎来了井喷式的爆发，可谓“微商元年”。然而现在的微商从业者，只有极少数人掌握着货源，有能力直接向供货商提货，大部分人都是受到宣传诱惑而跻身于此的盲目从业者，即便不谈商品质量和来源，这种销售模式本身就存在着很严重的问题。互联网原本是为了解决信息不对称的问题而被发明出来的，让产品的价格透明化，正是电商的目标。微商作为电商的一种，本应该服务于消费者，现在却反其道而行之，使信息变得不对称，产品价格不透明，人为制造出更多的层级关系。

在高速增长的数字背后，潜藏的问题已经十分突出，用户对微商的质疑连绵不绝，各种在销售环节中存在的实际问题都浮上了台面，本应承担起管理和督导责任的腾讯官方并没有对微商进行定性的及时表态。微商就在这样一种危机四伏的混沌状态下，跌跌撞撞地迎来第一个专属狂欢季。微商，这样一个突然出现，迸发着巨大能量的新鲜模式，究竟是应该抓住时机，赚取眼前利益，还是应该面向未来，谋图长期发展呢？

第一节 微商营销的“圈子”智慧

微信朋友圈里活跃着大批的微商，有很多朋友都是品牌代理，他们经常发布相关消息，可是点击率和回复率并不高。是什么原因使大家对朋友圈的微商敬而远之的呢？

针对朋友圈做营销，首先要研究朋友圈的特性。朋友是其第一特征，在微信的朋友圈里，我们关注的对象和关注我们的对象都是我们在现实生活中的朋友，至少是有过交流的人。他们对我们有一定的了解，对我们的营销行为能够信任，信任正是促成交易的基础。微信朋友圈等同于我们的人脉圈，表面上是在销售产品，实际上是在消费自己的名誉。圈子是其第二特征，能在一个圈子里的人一定是有共同爱好或者共同经历的，这正是朋友圈营销的价值所在。一个消费者可以带动一群消费者，一个消费者在圈子里发表亲身经历并加以肯定，会引发一群消费者点赞、评价和分享，而当朋友影响朋友，圈子影响圈子时就引发了消息的二次宣传和营销的病毒式扩散。但如果让一个旅行爱好者在自己的圈子分享科技类文章，就很难达到宣传的目的，因为他的朋友对此并不关注。

那么，在朋友圈里发布什么样的内容可以得到普遍欢迎呢？答案是个人动态。比如，今天和某人到了某地吃了某样东西，今天去某处游玩了，等等。能够令用户时刻看到朋友的新动态，就是微信朋友圈存在的价值。每一个成员都会主动维护圈子的稳定性，关心其他成员的动态，保证自己不会成为圈外人。

朋友圈之所以能够形成规模，是因为成员有共同的爱好，这是核心凝聚力。如果用户身处“吃货圈”肯定不会错过美食信息，如果身处“IT 圈”必然不愿错过行业的最新消息。当然还有时政热点、心理测试、生活常识、经典笑话和一些出位的颠覆人们常识的观点都会引发围观和转载。

朋友圈是有范围的，这个范围大概是 250 人左右。前面提到朋友圈就是人脉圈，人脉圈有一个基本法则叫作 250 定律，排除那些“想不起来是谁的陌生人”，这 250 人里面包含了同事、邻居、亲戚和朋友。

通过一个 250 人的朋友圈，能够实现怎样的宣传效果呢？

现代经济学有一个理论叫作“边际效用递减”，提出在一定的时间内，在其他商品的消费数量保持不变的条件下，当一个人连续消费某种物品时，随着消费数量的增加，物品的边际效用递减。有各种各样的理由来解释边际效应递减，但最重要的一种是生理解释。外部的刺激让人神经产生满足感，随着同一种刺激的不断重复，人的满足感不断下降。这个规律在试图分析消费者行为的过程中起到了非常重要的作用。

把产品投放到朋友圈的最初，确实会引发大部分朋友的关注、询问甚至消费行为。因为朋友把我们发送的代购消息当作我们生活的最新动态。他们或是因为好奇，或是出于圈子规则对我们的新动态进行询问和观察，当所有人的疑问得到解答，好奇心得到满足的时候，我们发布的同类信息就等同于烦人的广告，对圈子的维护已经没有价值了。这是大多数微商都会遇到的难题，产品在朋友圈的影响力和广告效果都会持续下降。

做任何营销都要面对“转化率”的问题。朋友圈的营销转化率基本遵循 28 法则，即总数的五分之一可以实现转化。须知，消息在送达环节就已经损耗了。假设我们的通信录里有 300 人，大约有五分之一的用户，大概 60 人会看到我们的消息，其中的五分之一，大概 12 人可能阅读文章，读者的五分之一，大概 2 人可能对产品产生兴趣，而真正的消费者几乎为零。这是微商面临的第一个难题，也是无法回避的问题。

任何一个人都会维护自己的利益。如果不涉及利益，大家都会友好和谐地相处，甚至相互之间非常亲密，但一旦涉及钱物方面，可能就要三思了。如果你是商人，向朋友销售物品，这时，你和朋友之间就成了交易关系，既然是交易就会涉及实际利益。而面对利益时，人们往往都会站在自己这一边，也就是极力维护自己的利益。所以，即便大家是朋友，也不能在金钱方面考虑太多的东西。朋友圈的用户也是这样，平时可以对微商发布的动态大量点赞、评论支持，但对真正的营销行为则态度谨慎。产品是不是值得使用？价格是不是真的优惠？往往对这些真正涉及利益的关键环节心存疑虑。

微商要做产品的朋友圈营销，首先要找出产品的适用人群，这类人群一般会形成高纯度的兴趣圈。比如，某个知名的母婴用品销售平台建立的起因不过是几个年轻母亲在一起交流育儿心得，后来开始代购婴儿产品。随着话题的日渐火热，圈子不断吸收同类人群发展壮大，其成员都认同了圈子内部的推荐产品，最终做成了母婴产品销售平台。然后要理顺营销的基本思路，建立客户思维。这其中有四点值得特别强调。

（1）要根据产品整合圈子。

不能把自己 250 人的朋友圈当作唯一的销售渠道，它的作用仅仅是向大家展示个人动态，在营销中只能起到辅助作用，要开辟其他的销售渠道。如果做化妆品代购，只要大家知道消息就足够了，不要利用朋友圈做产品促销，因为每一次的销售行为，都是在消费自己的名誉，无法以“促销价格”向亲朋好友销售产品，只能给“友情价格”。

另外，要看清圈子的活跃用户是哪些人群，如果这个圈子以讨论网络游戏为主，突然发布一些母婴用品的消息，一定是不合适的。一般人的个人朋友圈远远不能达到产品营销的要求，微商需要根据产品整合圈子。拿化妆品代购来说，需要微商到能够交流产品的地方去扩展人脉，比如论坛、贴吧、微博、网站等，以讨论学习的方式网罗目标客户，然后引流到微信平台，形成以自己为核心的圈子。虽然这需要缓慢的积累过程，但是这样形成的圈子纯度更高，也更有价值。

（2）要成为朋友圈中的“专家”。

一般人在购物的时候，习惯于先找“懂行”的朋友咨询一下。微商在日常的销售中要学习专业知识，不断充实自己，在用户的心目中树立起专家形象。拿代理数码产品的微商来说，如果能在整合圈子的时候，学好专业知识，从容面对用户提出的问题，以专家的身份答疑解惑，就能在用户的心目中树立权威的形象，成为圈子的核心人物，进而通过二级朋友圈影响更多的用户，突破个人朋友圈的局限。

（3）要主动分享，引发互动。

不能总是站在原地等待用户咨询，要学会分享知识，在分享知识的过程中可以巧妙植入产品广告。比如，可以结合案例、结合热点、结合常识来推广产品信息。比如，代购化妆品的微商可以分享“秋季护肤指南，告别皮肤干燥”、“20 岁不护肤，30 岁就彻底完了”等，讲明产品的特性，突出产品的优点，向消费者说明不使用产品会产生怎样的后果。分享知识一方面可以变相做产品广告，一方面巩固了在圈子里的专家地位，如果还能就话题与用户展开讨论效果就会更好。比如，某分享去痘知识的化妆品代购商就通过和用户互动，获得了用户的肯定评价——“你推荐的产品真的不错，用了几天痘痘都下去了”。然后短短几天销量翻了一番。微商可以把自己的产品拿给身边的朋友试用，用户反馈的影响力远远大于广告。

（4）要货真价实。

这一点是重中之重，只有产品货真价实，让消费者实实在在地得到好处，他们才能够理直气壮地推荐给朋友：“我的朋友就做这个代购，他是这方面的行家，上回推荐给我的产品，非常好用，我能跟他拿到友情价，回头我帮你问问。”

第二节 新模式预测：微商路在何方

在2015年，面膜微商逐渐式微，各种负面新闻纷至沓来，急需转型。这一现实需要给传统企业带来了微商渠道的突破，企业可以借助产品优势来抢占面膜微商业已形成的营销网络。现在，大部分的微商总代理已经开始寻觅非面膜产品，要完成产品转型，哪个企业能够率先拥有这些总代资源，哪个企业就能抢占微商的先机。

自 2015 年 1 月以来，微商发生了很大变化，主要受到两个事件的驱动。一个是马化腾在 2015 年的两会上首次谈到微商时说："微店、微商很有意思，这个刚刚起步，希望有更多的合作伙伴去做。"正是这个表态使整个微商行业火爆到了极点。另一个是 2015 年 3 月 8 日，广州等地连续 3 场的微商论坛，几乎影响到所有传统化妆品企业，大家争相做起了微商，使微商成为传统化妆品企业的标配。其他行业的传统企业也逐渐加入到微商的行列中来，这促使微商进入主流视野。

微商的发展历史分为三个阶段。第一阶段是 2013 年"俏十岁"微商阶段。这一阶段是微商的试水，俏十岁 2 个亿的流水，一度令人咋舌："原来朋友圈微商可以做到这么多。"很多人醒悟过来，纷纷加入到微商的行列当中，"俏十岁"成为朋友圈微商模式的开创者和引领者。第二阶段是 2014 年的"思埠"微商阶段。思埠把流水做到了 1 年 20 亿元。它自 2014 年年初起步，发展迅猛，令朋友圈微商真正成为一个新模式，同时它也是微商负面新闻的始作俑者，目前 80%的微商都在做"思埠"面膜。第三阶段是 2015 年前后，传统企业开始大规模进驻微商，以韩束为代表的知名品牌，如韩后、太太口服液、天虹、国美、苏宁等大型传统企业都在 2015 年有所行动。

在 2015 年微信官方针对微商出台了一系列的新举措。虽然腾讯官方从不出席任何微商论坛，也不发表对微商的看法，但经常会出台一些有关微商的举措。从这些举措来看，腾讯官方对微商是默许和支持的——微商对微信支付的普及功不可没，为将来的微信商业化奠定了基础。虽然腾讯官方偶尔出台打击政策，但并没有对微商彻底封杀的倾向。

2015 年，腾讯官方对微商采取的具体举措如下所示：

1 月 21 日，微信朋友圈的广告上线和春节红包大战。

2 月 15 日，官方发出正式公告：打击微商非法分销。这是腾讯官方首次对带有涉嫌传销性质的微商做出制裁。但只是打击了带有纯粹传销性质的个别微商项目，对绝大多数分销代理模式还是默许的。

2 月，微信官方第一次为微商设置专门的功能——“收钱不发货”的举报功能得到正式启用，这是腾讯官方首次针对微商设定规则。

3 月 5 日，微信更新了新功能，提醒用户“如果对他的内容不感兴趣，可按头像设置权限”，专门限制微商暴力刷屏。

3 月，腾讯官方开始对微商进行甄别，官方公众号发出通知，建立品牌维权平台。通过用户举报，品牌方验货，对制假售假的微商做封号处理。

总之，微商是一个综合了直销与传统分销的新模式，其性质最终需要政府或微信官方来认定。虽然存在一些不健康的负面因素，但不能草率地一棒子打死，微商这一新事物还很稚嫩，需要第三方的扶持和规范，才能健康发展。

目前，中国微商 80%以上是“思埠－韩束”模式，即产品代理层层分销的模式，这个模式可以总结为微信版直销模式。2015 年，被推出的新模式大概有以下十种。

（1）层层分销微商模式：有 80%的企业和个人在使用这种模式，这种模式层层分销、囤货、暴力刷屏、不能退货、不支持一件代发。

（2）直接卖货微商模式：20%的企业与个人在使用这种模式，将微商作为一个渠道。正规操作，不搞层层分销、不对用户洗脑，以农产品微商为代表。

（3）传统分销微商模式：和传统企业代理分销的模式一样，不压货、可退换、支持一件代发，并限制层级代理，货到终端，并把全国总代、省级代理、地区传统分销模式嫁接到微信朋友圈。

（4）微信呼叫中心自营模式：无层级、无代理，利用呼叫中心，进行产品直销。

（5）微商 CPS 模式：发展一批用户售货，根据销售额给予相应提成，不存在层级概念，模仿了淘宝客的模式，是 PC 互联网时代的站长 CPS 的新运用。

（6）电视购物微商模式：电视购物运营手法融合微信工具，衍生出的新微商模式。

（7）粉丝微商模式：按照社会化营销模式来做微商，以“人”为本，做小而美的微商，不追求刻意做大。

（8）服务微商模式：没有产品及实体，用微商做客服，不卖产品只做服务。

（9）微商 O2O 模式：天虹、国美、苏宁都在鼓励员工开微店。凡是有传统、有店面的企业，都在尝试做微商 O2O。

（10）微商平台模式：目前微商市场在等待一个大的运营平台，比如企业微商平台、个体微商平台、微商服务平台、微商分销平台、微商货源平台，等等。

微商营销已经成为创业者和传统企业大肆圈钱的原始资本积累手段，有一部分微商确实能够在起步阶段就做成几千万甚至是几亿元的流水，微商营销本身确实具有这样的爆发力。有个微商操盘手甚至说：传统品牌做微商是否靠谱，唯一的衡量标准就是你开微商发布会，是否有几十个微商头头到场并当场签约几百万元，这是衡量微商是否短期成功的唯一标准，和传统的企业招商模式如出一辙。但是在取得短期成功以后，还必须考虑长期的发展问题。

能够长期健康发展的微商模式要符合以下三个特征。

第一，货到消费者。面膜代理商之所以在 2015 年上半年度被集体唱衰，正是因为他们的面膜产品没有到达消费者，而是在分销商的体系中被内部消化了。一般的面膜只有一个月的活跃周期，原因是代理那边卖不动了。

第二，产品品质过硬。微商卖货给朋友圈的用户是需要有信任背书的，产品质量可靠才能够持续经营下去，没有产品，不谈营销，这是首要条件。

第三，要避免恶性囤货。这一点对于微商来说十分重要。

第三节
实用技巧：微商应该怎么玩

微商几乎是2014年最热门的词汇之一，在其火爆的业态下，并没有得到消费者的一致好评，而是褒贬不一。虽然微商目前还存在着这样或那样的问题，但它始终是未来移动电商的一个重要发展方向，它去中心化、扁平化的特征正代表着移动互联网的未来。

为什么说微商代表着移动电商的未来发展方向呢？

第一，微商具有去中心化的特征。基于移动互联网产生的微商，大多依托于微信、微博平台，以个人化的形式存在，它和淘宝的个人店模式非常接近，但微信、微博平台并没有给予它去中心化的流量支持，所有的流量都需要微商通过社交关系去寻找。中心化的流量虽然可以给商家带来一定数量的用户，但这些用户是隶属于平台的，散落在平台上的商家并没有属于自己的用户，商家和用户的关系是弱关系，所以商家为了获取更多的流量，不得不购买关键词，甚至刷单来提高自己在搜索引擎中的排名。当有更多的商家这样做的时候，流量的价格水涨船高，大家逐渐陷入饮鸩止渴的恶性循环。最终只有平台得以盈利。

去中心化的流量则与之完全不同，商家找到的粉丝虽然依旧都是平台用户，但同时也是企业品牌或产品的粉丝，商家和用户的关系是强关系。比如，在淘宝上购买某一产品的时候，会直接打开淘宝的搜索引擎检索产品信息，反复对比各种参数，比如店铺的等级、商品价格以及用户的评论情况，然后做出最终的选择。如果还需要二次购买，依然会将之前的操作流程走一遍，很少有直接奔向商家的情况出现。同样的购物情况在微商这里是不一样的，用户一旦对商家的微信、微博添加关注，就代表着一种商家和用户之间的强关系形成了。根据可靠数据，微信朋友圈的老客户平均重复购买率高达 60%以上，而淘宝的商家，哪怕是其中的佼佼者也难以达到 20%的产品复购率，二者之间的差距显而易见。

第二，微商具有扁平化的特征。在传统的销售模式中，商品走出工厂以后，要经过层层代理才能到达消费者手中，而每一层代理都要经过加价，才能把产品传递给下一级代理，其实这些被代理拿走的利润都是由消费者背负的。如果厂家去掉代理，直接把产品卖给消费者，就能获取更高的利润。苹果手机就采用了直销的方式，将原本会被层层代理拿走的利润牢牢控制在自己手里，不再需要受制于渠道，这是苹果取得巨大成功的主要原因之一。直销完成了最简单的 C2C，既让商家获利，也使消费者得到了实惠。这种去代理、去中介的扁平化模式，能让企业的运营得到真正的良性循环。

第三，微商具有社交化的特征。社交化的好处有两点：首先，解决交易担保问题。支付宝的发明使 C2C 交易拥有了重要的信用担保体系，解决了交易过程中的信用担保问题。微商却与之不同，用户选择购买某一商家的产品，一般是对商家本身有一定的信任。根据可靠调查报告，在微信朋友圈的交易活动中，有高达 65%的用户会选择直接打款给商家，虽然存在少量用户选择第三方平台进行担保交易，但已经证明微商模式对第三方交易平台的依赖其实并不强烈。其次，解决了用户关系管理问题。在微信公众平台，用户只有通过关注商家公众账号或者成为商家的个人好友，才能进行商品交易，商家和用户被有效地“连接”起来，便于商家对目标用户有针对性地展开二次营销，增加客户黏性。

未来微商应该以这样的形式存在：

（1）小而美的手艺人。这些人拥有一技之长，在特定领域有一定的影响力和号召力，通过社交平台展示和售卖自己的作品，即使没有庞大的粉丝数量和高额的利润回报，也足以养活自己。

（2）专家推销员模式。微商不一定要有自己的产品，但一定要有在某方面的特长，比如擅长美妆的微商就能以专家的身份，帮助用户答疑解惑，既能向用户介绍产品，又能顺便卖货，现在已经有很多自媒体在做类似的事情，都收入不菲。

（3）团队运作。拥有一定规模的企业，可以选择成立自己的微商团队，无论是发展代理，还是聘用客服直接售卖，只要良性运转就能够获利。

虽然目前还有大部分人，因为听信了负面新闻报道，对微商心存疑虑，但微商去中心化、扁平化、社交化的特征是符合未来移动电商发展方向的。须知，一种新的规律在建立之初总是伴随着混乱和不稳定，等到建立起新的秩序，微商会迎来属于自己的鼎盛时代。

传统的电商营销归根结底是以商品为中心的营销，商品的质量对于交易成功与否起到了决定性的作用。每个商家都在极力追求爆品，只要商品质量足够好，价格适应目标用户的消费能力，就能够创造销量神话。有一部分消费者极其看重商家的服务质量，这其实是典型的商品贸易的特点，只不过从原来的实体店转移到了网络平台上而已。微信作为一个纯社交属性的平台，更多依靠于人际关系，或者说是以人为本。微信从某种程度上来看是当今移动互联网时代的代表性产品，是一款主打社交的媒体软件。在这个平台上，微商和粉丝的关系，平等的人与人的关系是最核心的东西，微商通过对人际关系的延展获得更多的用户信任，有了信任就可以卖出商品。传统电商看重的是流量和入口，不断追求流量导入，不断追求新客户。在用户社交购物的微商时代，这种旧的游戏规则有了新变化，微商不再追求流量，更关心与用户的关系深度，通过提升企业和粉丝的关系，来提升用户的购买频率，甚至把老客户发展成为下级代理，形成链条式的销售关联，人的关系变成了核心。

微商的现状有悖微店的初衷，也不符合微信的定位。对于微商来说，基于微信平台的社交定位，完全可以将营销的重心放在商品个性化上，鼓励个性化产品的研发，结合用户社交网络，走定制化路线，这种模式会比层层分销模式成熟很多。

基于微信的庞大用户基础和流量优势，微商的另一个发展路线可以放在服务上，从产品零售商转型为服务提供商，结合微信的 LBS 功能，拓展 O2O 业务，主打服务牌。

上述两点也意味着微商的彻底洗牌甚至是淘汰，由于大部分微商根本不具备服务能力，这种脆弱营销链条一旦断裂，多米诺骨牌效应在极短的时间内就会显现出来。这并非危言耸听，微商也许会比想象中更快迎来转型。

随着移动互联网的持续升温，伴随而来的新媒体商业模式也越来越有前景，移动化电商虽然未必会在短时间内对传统电商造成冲击，但肯定会经历一个飞速发展的过程。回顾互联网和电子商务的发展进程不难看出，微商模式不过是互联网向移动互联网转变进程中带来的乱象，是一种简单的投机行为，它不会有太长的生命周期，并且急需一套完善的体系来规范。我们不能就此断言微商模式是失败的，伴随着日渐成熟的移动互联网，也许在拥有了制度化的销售和服务体系之后，微商会在不久的将来迸发出更大的活力。

那么，微商到底应该怎么玩呢？

答案是做自媒体，建立自己的存在感。微商做自媒体的目的是获取粉丝的信任。如果微商成为产品“专家”，成为朋友圈的产品权威，就能够获取粉丝的信任，这个树立权威的目标并非遥不可及，完全可以通过“形象包装”来实现。微商做自媒体的重点并不是真的成为多么权威的产品专家，而是用丰富的产品知识帮助大部分用户，成为用户眼中的专家。

所有的自媒体自明星要盈利都少不了营销内容的输出，价值分享本就是一个提升影响力、扩大传播的有效途径，绝活+传播+策划=自明星，微商要用源源不断的优质内容去引导用户，给用户带去价值就等于帮助自己获利，至于什么样的内容是用户眼里有价值的，则取决于目标人群的成分。

另外，微商做自媒体，不能盲目往前冲。想获得更多粉丝，首先要积累一定的核心用户。核心用户就是产品的重度用户，是品牌定位时重点考虑的那部分人群。核心用户不仅是产品的免费推手，更是品牌的免费客服。

最后，微商要成为自明星，需要正确的思路，认真地执行，坚持到底。做任何事都不可能一蹴而就，需要一步一步地走。

第四节

微商 O2O 实操：土鸡蛋销售攻略

生活在二线城市的张老板常年从事土鸡蛋的销售，经营方式以批发加盟为主，基本不做零售，并在农贸批发市场有固定的店铺。小店由于地段不好，经营不善，面临着资金紧张的窘境。张老板做了很多线下广告，也涉足了部分网络宣传，都没能达到理想的推广效果，店铺靠着常年积累下来的固定用户勉强维持着运转。张老板不想放弃辛苦积累的土鸡蛋收购渠道，不想放弃自己的事业，经过几番深思，他决心要尝试一下时下热门的“微营销”。

张老板认为自己的土鸡蛋销售是一个非常小众的行业，行业竞争并不激烈，客户群也不大。现在面临的主要市场困境是消费者对市场上的土鸡蛋没有信心，认为大部分土鸡蛋都是吃饲料的鸡下的蛋冒充的，对是否能买到真正的土鸡蛋心存疑虑。优势则是，消费者对有较高营养价值的土鸡蛋情有独钟，消费需求增长很快，消费能力也在持续增强。老客户对店铺保持了很高的忠诚度，容易形成重复购买。

经过为期一个月的市场调查，张老板发现目前的土鸡蛋市场上大量充斥着饲料鸡蛋和半放养鸡蛋，真正的土鸡蛋数量非常稀少，而自己店铺的土鸡蛋销售下线多为一些不怎么正规的小区超市、杂货店和粮油店，土鸡蛋被随意堆砌在饲料鸡蛋的旁边，令消费者对其质量心存疑虑。老弱妇孺和一些注重养生的中年人是土鸡蛋的主要消费群体，直接购买人群为家庭妇女和选购礼物的年轻人。

张老板还总结了以往的经验教训，认为自己的店铺定位不准，经营方式存在很大的问题。张老板原本的客户定位是二级城市的每一个家庭，包括本地家庭、周边用户、在外务工人员等，所以他想做批发，对零售不感兴趣。由于对目标人群定位不精准，导致运作模式不正确，接下来的广告推广也变成了一种盲目的行动。根据调查后的数据分析，张老板的客户 70%是本地家庭，他们的消费能力比较高，又注重养生，对土鸡蛋的需求量较大。外来务工人员一般选择在回家探亲的时候购买土鸡蛋，日常以消费饲料鸡蛋为主。

据此，张老板重新制订了 O2O 方案策略。他把经营策略改为批发加盟和零售的模式，把品牌塑造当成工作的中心。具体办法是在继续经营批发的同时，首先建设一个示范性门店，形成品牌，积累经验，然后一个区域一个区域地覆盖，最终将加盟范围从本市扩展到全省。

张老板关掉农贸市场的店铺，保留下仓库，使用节约出来的资金在靠近商业区的地方开了一家比较小的门店，并进行了豪华装修。张老板购置了储备鸡蛋的保鲜柜，并为有需要的用户提供礼盒。他还在墙上张贴了供货农民的照片和联系方式，并准备了一篮子饲料鸡蛋专门和土鸡蛋进行现场比对，来打消顾客对产品质量的疑虑。张老板的门店在专销土鸡蛋的同时还出售一些原生态的农产品，销量都很不错。

张老板以门店的周边区域为重点发起了一场微信推广运动。他首先在周边小区和商业区展开线下促销活动，向客户现场解说土鸡蛋的好处，对比土鸡蛋和饲料鸡蛋，教大家如何辩别真假，并说明只要关注门店微信即可获得平价优惠。然后通过微信“附近的人”、“打招呼”的功能和散发传单等方法，积累了周边 5 公里以内的粉丝，其中以家庭主妇居多。最后，他向用户提供了微信下单和送货上门的服务。

张老板的微信建设策略采取了“1+1+N”的模式，即 1 个品牌公众账号，1 个个人主账号，多个个人账户。公众账号的主要任务有两个，即接受订单和发布促销信息。个人主账号的任务是完成促销活动、与粉丝互动、转发公众账号的消息、接受订单，并进行以养生保健、居家生活、八卦资讯为主题的自媒体建设。多个个人账户则负责在平时转发个人主账号和公众平台的资讯，为品牌积累粉丝。之后，张老板的团队在微信上策划了一系列以不健康食品危害老人、孕妇、婴儿、幼童为主题的微信活动；以朋友圈为营销重点，进行了系列的文案推送。比如，土鸡蛋与养生、土鸡蛋的营养价值、土鸡蛋比饲料鸡蛋好在哪里、蛋农的一天，等等。他还特别策划了一个土鸡蛋的试吃活动，引导客户将试吃的心得体会分享到朋友圈。这使他在一个月内就累积了3000多名忠实用户。

总结这个案例，就会发现这种与线下结合的微商模式要获得成功需要具备五点要素。第一，产品需求要大众化。因为用户对土鸡蛋的需求量较大，利用微信这样的关系网状平台做推广，能够迅速获得收益，而且产品关系着用户的身体健康，朋友圈的推荐很容易产生共鸣。第二，开展全面的市场调研。对本地土鸡蛋市场的调查和分析，帮助张老板锁定了精准目标用户群——本地家庭主妇，然后决定采用微信这款具备精准目标定位功能的社交媒体进行产品推广。第三，巧妙地运用O2O模式。O2O模式是企业微信运营的核心。它使企业和客户在互动中产生信任，在信任后产生营销。第四，产品形成重复购买。销售土鸡蛋的利润很低，如果没有客户的重复购买，没有一个相对固定的销量，就会产生囤货保鲜的高成本。企业公众平台相当于企业的客户关系管理系统，能够很好地解决这一问题。第五，产品的利基市场小，推广简单。

总之，这是一个相当典型的微信 O2O 营销案例，适用于中小企业和个人用户，从市场分析到营销策略都可以给微商带来启迪。微信始终只是营销的工具和渠道，如何使这个工具发挥应有的效用，需要运营者好好思考。

第五章

如何策划微信品牌推广

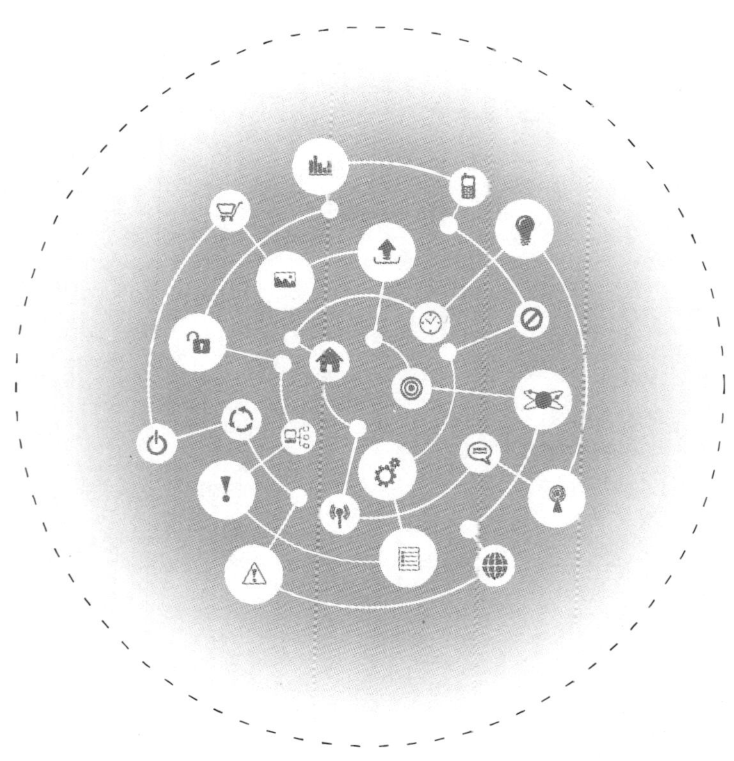

国家品牌经济网的品牌推广专家曾得出这样的结论:“营销的根本目的就是打动消费者，让消费者对品牌产生好感和信任，而微信营销可以十分简单地实现这一点。”事实确实如此，微信朋友圈中的信息分享可以直接对企业的品牌和业务产生巨大影响。例如，当一个人连续接收到多人的同样信息后，他必然会对此信息产生一定的信任感，而微信朋友圈就具备这种功能。

除此之外，微信品牌推广还具有广泛性——一个人将一条信息分享至朋友圈后，他的所有好友都能够看到这条信息。如果在这一过程中产生了转发，那么还会有更多人看到这一信息。以此类推，一条信息产生的影响将无法估量。但是，微信品牌推广不是简单地将某条信息分享至朋友圈就完事了，还应该进行具体策划，完善营销活动。只有经过详细策划的微信品牌推广活动，才能收获最大的宣传效果，吸引最多的用户关注，从而形成超强的购买力。

第一节
善用平台树立微品牌

微信在最初被腾讯公司推向市场时，是作为免费的应用程序为用户提供即时通信服务的。但仅仅在不到三年的时间里，它的用户数量就超过了 6 亿，而且每天的活跃用户有近 1 亿。这使微信吸引着众多商家和企业纷纷投身于微信浪潮中，而且有越来越多的商家开始在微信平台上开拓自己的业务，同时利用微信维护企业与用户之间的关系，甚至是进行企业产品的品牌推广等一系列营销活动。微信平台的作用日益凸显，但由于其具有闭环交流的特点，所以对于承担企业销售运营工作而言，并不占优势。因此，大部分企业都是将其视为品牌营销的根据地，纷纷通过微信平台展开各种宣传活动，让粉丝认可自己的品牌，建立彼此之间的相互信任，最终吸引到大量用户。

企业在微信公众号建立之初，让品牌从已有的渠道出发，在各种平台上进行宣传，不仅要在线下传播渠道进行广泛宣传，同时也要在微博、论坛等线上渠道进行宣传，只有两者结合起来，才能找到新的宣传突破口，扩大微信账号的宣传渠道和范围，然后利用微信二维码进行线上活动，同时结合自身的品牌特点，利用粉丝的转发传播吸引更多粉丝，将粉丝彻底引向企业的微信公众账号。

此外，企业还要做好品牌营销，而且保证品牌拥有以下特征，高质量、高诚信度、个性鲜明等，在此基础上就可以进行巧妙传播。微信平台也可以对品牌的主要特征进行有利传播，并针对某些特征进行关键性营销。

任何成功的品牌都具备这样一种特征，那就是通过固定不变的形式将品牌功能与用户的心理需求有效结合起来，并根据用户意见进行品牌定位。但为了吸引更多用户，企业应该积极寻找自身的竞争优势点，并对这种优势进行传播和宣传，让用户了解清楚，这样才能逐步转化为用户的心理认知。这种方式就是品牌营销策划常用的方式，同时也是关键的环节。

微信平台上所提供的数据信息，无疑为品牌定位指明了方向。企业可以通过微信将这些数据转化为客观存在的“人”，了解到用户的基本信息，比如姓名、性别、职业、家庭住址、兴趣爱好，等等。微信平台将这些信息转化为类似ID的通用号，已经具备了建立用户信息数据库的条件。通过微信平台，企业可以搭建品牌与用户直接沟通互动的渠道。最主要的是，微信平台可以为品牌营销提供技术支持。

企业还可以将各种插件通过微信直接发送给用户，提高用户对企业产品的使用率。企业的微信信息传播主要是通过用户添加品牌账号的方式进行的，如果用户不关注企业的品牌，就得不到自己想要的信息，这样就会消除用户对品牌推送信息的抵触心理。最主要的是，微信平台上还拥有集在线交易于一身的垂直行业微信号，其中包含了众多厂商的粉丝群体，其粉丝必然是经过精准定位吸引而来的，这样就大大提升了粉丝的质量，这些粉丝的聚集恰好促成了一个在线交易会，这就使得每位粉丝都有可能成为企业的用户，而这正是企业在推广微信品牌过程中急需的营销资源和推广渠道。

很多成功的品牌都明白一个道理，那就是在品牌推广过程中，一定要确保品牌在用户脑海中刻下深刻印记，这必然增加了品牌营销策划的难度。为了确保这一点的实现，企业必须保证品牌的个性，只有这样才能保证品牌长久存在下去。微信账号就是这样一个个性鲜明的品牌产品，它无论是作为与用户交流的账号，还是作为推广产品的媒介，都拥有十分鲜明的特征，既传递了品牌文化价值，又让粉丝可以近距离地去感知品牌，了解品牌所隐藏着的深刻内涵。只有当所有的营销方式都围绕品牌建立而展开时，才能在用户心中映衬出鲜明的个性化联系，从而打造出强势品牌。

品牌营销不只是通过扩大产品的营销范围来传播企业的品牌观念，还要将自己的品牌带入相关的交流平台，形成有效参与。微信平台可以在这方面起到十分重要的作用，因为微信平台的本质就是沟通工具，并且可以实现“一对一”的互动交流，对互动性的要求也更加严格，这便有利于品牌与用户之间的有效沟通，保持两者之间的联系。

品牌可以通过微信与用户展开陪聊式对话，与用户进行“点对点”交流，建立起进一步联系。深度了解用户对企业产品品牌的认识程度，以及对品牌的评价和建议等，同时也要为用户积极地解决问题，增强品牌与用户之间的联系，让用户对品牌产生好感和信任，最终让品牌与用户形成“友谊”式联系。

然而，在用户与品牌的互动中，企业不希望品牌一味“卑躬屈膝”，更不希望品牌总是进行“官方”回复，希望品牌可以拥有自己的个性，与人们进行真实交流或平等沟通。比如，长虹彩电的微信账号就将自己的很多产品全部打造成性格各异的微信应用，然后根据其对热点事件的掌握，以主题互动的方式同用户进行交流，这样既可以加深用户与品牌之间的联系，又能让回复具备更多乐趣，最重要的是帮助长虹品牌实现了高质量营销。

此外，微信平台对品牌的宣传作用十分明显，因为它不仅是自媒体平台，而且拥有用户管理功能，占据着其他社交媒体无可比拟的优势。比如，以招商银行微信公众号为代表的服务号，它们将品牌与用户的距离无限拉近。如今，在以智能手机为载体的移动互联时代，人们可以直接在线上享受到与线下相同的服务，品牌信息通过微信平台进行大范围传播，同时用户还可以同微信进行点对点交流，品牌的微信账号逐渐收集到海量关于用户对产品的反馈数据。这时，企业就要根据不同用户建立不同的数据库，深度分析用户对品牌的个性化需求，对现有的产品进行改进并生产出新产品。同时，在企业微信号的设计上要对自定义菜单给予足够的重视，不仅要在明显处展示个性功能，而且要保证用户与企业微信号的有效联系。很多企业在微信公众号运营的过程中不重视与用户之间进行有效互动的逻辑引导，在自定义菜单的设计上存在严重失误，这就容易导致用户流失，因为一旦用户长期不与企业微信进行互动，引导消息自然就会被其他消息覆盖，就会造成用户遗忘相应的操作规则，进而产生诸多麻烦，最终导致用户直接取消对某个微信公众号的关注。

实际上，作为多媒体平台，微信可以帮助企业的产品品牌建立一个“用户社区”，将整个社区的力量有效组织起来，将新老用户与潜在用户都聚集在一起，为用户建立一个可以进行分享和交流的多功能平台。“用户社区”最主要的价值就是可以“制造口碑”、“展开话题互动”、“进行信息传播”等各方面有利于企业的事情。虽然有些价值可以直接在微信平台上得到最大限度地体现，但在“用户社区”中的用户群体内部进行的交流更为平等，角度也可以从多方面出发，问题也更便于集中处理，更容易找出品牌的欠缺，并提出合理的改进建议，最终将这些信息汇聚成有价值的观点，对品牌的管理以及营销活动产生有利影响。

企业微信账号上关于用户的信息是发展品牌的重要“资产”，因此，企业不能滥用这部分资源，更不能对用户进行不间断的消息推送，这样就会让用户觉得企业的微信号对自己构成了骚扰，用户就会取消对企业微信公众号的关注。所以，企业在进行品牌营销时，一定要把握好宣传的度，这就要求微信内容的策划人员应将更多的精力放在这上面，同时要控制好内容的推送频次以及时间等细节问题，最好是利用单方推送与双方互动的交流方式进行品牌宣传，保证用户不反感，这样才能让用户不断体验到新鲜感和刺激感，保持用户与品牌长期稳定的关系。

品牌微信营销并不是对用户进行洗脑，更不是广告，它是利用微信这一渠道对品牌进行交互式传播，充分利用微信的特征、微信与用户的关系等因素，对品牌故事进行大范围的传播，让用户对品牌形成自己的客观认识，逐渐喜欢上某种品牌，并发展成为该品牌的忠实用户，以参与这种品牌的宣传过程而自豪。虽然品牌的成功塑造离不开优秀的营销策划，但在品牌的发展过程中起支撑作用的还是“心”，因为只有品牌用心去满足用户的需求，并保证产品的质量，才能让产品和品牌永久地存在下去，也只有不断地改进自己的产品，才能让产品跟上时代的发展，才能满足用户新的需求，这也是保证品牌成功的关键因素。

第二节
游戏是品牌的有利推手

现在，品牌推广的方式越来越多，各种手段层出不穷。随着微信功能的逐步开发，微信对品牌推广的意义越来越重要。目前，有很多人开始利用微信小游戏进行品牌的推广。那么，如何利用微信小游戏进行品牌推广呢？

如今，微信朋友圈中有很多人在分享小游戏，点击进入之后会发现很多商家的活动或广告。有些小游戏做得非常好，有些则惨不忍睹。这表明微信营销已经从简单的单向图文消息推送向双向互动迈出了一大步，一些企业开始通过游戏为自己的品牌进行宣传，因为游戏具有参与感强、传播快等特点，所以很多商家就充分利用这些特点为自己的品牌进行专项推广。但如何通过游戏将宣传效果达到最佳，一直是众多企业关心的问题。到底应该如何做呢？

第一，企业的微信公众平台必须拥有自己的粉丝群。很多企业之所以会开发游戏，根本目的就是为了吸引更多的用户关注。如果没有相应的粉丝基础，那么刚开始的传播数量和范围必然会很小，这就会导致二次传播的数量和范围也不会起到好的效果，所以，企业应该在积累了一定的粉丝数量后，再使用游戏推广这种方式传播自己的品牌。

第二，在选择游戏时，必须保证游戏与品牌内容相符。如果你的产品或品牌与游戏内容相差太远，或者说根本不相符，那么这种推广模式不仅不能提高品牌影响力，反而会将一款优质游戏的体验感破坏掉。

第三，不要在游戏内植入太硬的广告。因为广告太硬容易破坏玩家的游戏体验，所以必须保证植入的广告恰到好处，这样才能让玩家潜移默化地感知企业的品牌文化。

第四，保证游戏的体验效果。企业开发的游戏一定要在视觉、特效、细节等方面保证质量，这样才能为玩家带来更好的体验。目前从事这类游戏开发的企业有很多，但开发水平却有很大的差距，所以企业在选择游戏开发团队时，一定要慎重。

第五，保证游戏内容具备个性化。当然了，这种个性化的东西也可以是特殊的奖品。有了奖励，才能提高粉丝玩游戏的积极性。

第六，将游戏与品牌促销活动结合起来。可以让游戏中的活动与线下活动相结合，这样所取得的宣传效果会更好，也便于企业明确自己的宣传目标。

第七，在游戏中加大品牌的推广力度。企业之所以开发游戏，根本目的就是为了推广自己的品牌，所以要让游戏的品牌宣传效果更好，就应该加大推广力度。除了微信公众号内的基础粉丝外，企业还可以发动与自己有合作关系的公司进行转发与分享。

第八，企业运营者要摆正心态。现在，利用微信游戏推广产品的人越来越多，但运营者一定要摆正心态，不能盲目跟风，不能看到哪款游戏火了就用哪一款，这样不仅没有效果，反而浪费资金。因此，企业运营者在选择使用微信游戏进行品牌推广前，一定要制订详细的计划，确定推广的形式以及游戏内容等有效可行的方案，只有如此，才能获得较好的推广效果，甚至超出预期。

微信的发展速度越来越快，因此，商家要想推广自己的品牌，微信成了首要选择。从微信公众账号的上线，到后来的营销平台，再到如今的二维码，微信的商业化尝试已经开始了，只不过所取得的效果都不理想，导致这种结果的原因或许是产品本身存在的制约性，抑或是需要经过长期积累。总之，短时间内，微信的商业化进程只能以当前的速度发展下去。因此，微信游戏在产品或品牌推广过程中所发挥的作用就显而易见了，就目前情况而言，移动游戏才是成熟的商业模式。

游戏行业内的研发团队对微信游戏平台可谓关注已久，也期待已久。那么，微信游戏平台推出后，会对腾讯自己的产品或品牌，以及运营带来怎样的影响呢？

首先，在产品方面，微信必然会将主要研发精力放在休闲类游戏的开发上。

目前，国内的移动网络游戏主要的运营模式，还是按照传统的游戏模式在游戏内进行道具收费，主要以角色扮演类型的游戏为主。这种类型的游戏一般对智能终端的新科技，如多点触控、重力感应、近距离无线通信、定位服务等使用很少。换言之，智能手机用户玩的移动网络游戏，实际上是将游戏内容转移到了移动端的客户端进行。只不过，这种情况是不可避免的，因为中国的游戏用户很少会为游戏的下载而付费，因此游戏开发者在赢利方面的压力就会很大，他们这样做也就显得无可厚非。

其次，在品牌推广方面，微信的很多功能或插件，都可以直接在移动游戏中得到完美使用。例如，微信功能中附近的人、摇一摇以及漂流瓶等，微信发展初期提供的诸多功能，为人们的社交提供了诸多便利。由于这些模式已经基本趋于成熟，所以如今可以直接搬到移动游戏平台上进行重复利用。试想一下，游戏玩家只要使用一项功能就可以不费吹灰之力地找到位于同一地点玩同一款游戏的人，这样就可以合作通关，并将合作取得的成绩发到朋友圈中。这对众多游戏玩家而言，是极具吸引力的。

最后，在微信的运营过程中，其内容推广潜力必然会得到最大限度的发掘与利用。

充分挖掘微信用户，诸如，可以通过微信直接了解到喜欢的明星在玩哪款游戏，好友在某款游戏中占据的排名等。微信游戏公众账号必然会聚集大量的玩家，这样游戏开发者就可以直接看到玩家的反馈。微信游戏平台将游戏的开发者、运营者以及玩家全部集中了起来，这样，他们必然可以在某种程度上建立起一定的社交关系，这有利于增强游戏黏性，同时对完善游戏更新和游戏运营起到重要作用。

第三节
品牌微信营销怎么做

随着微信的不断发展，微媒体工具也逐渐兴起，众多家电商家都纷纷参与其中。就当下市场情况而言，微营销还是新事物，类似家电这种传统企业都在经历着一场巨大的变革。在这场变革中，能够集中自身的优势，在抓住营销机遇的同时，做好品牌创新，是家电企业必须具备的核心竞争力。如何利用微信营销做好家电品牌呢？具体来讲应该注意以下几点。

首先，要明白哪种类型的品牌可以做微信营销。

目前，从市场情况来看，有两种品牌适合做微信营销。一种是大众品牌，另一种是小众品牌。可以说，完全是两个极端。大众品牌应该将微信平台当作与用户互动交流的园地，而不是进行广告宣传的平台。用户对产品产生好感和信任，加为好友，每天关注品牌信息，但如果你每天总是发一些小广告，那就让人难以忍受了。比如，博纳影城如果做一个微信，当你想看电影时，它直接告诉你哪家连锁影城距离你最近，然后再给你一张优惠券，或者订票电话之类的，这样无疑会给你带来很好的体验。另一种，一家独具特色的商店，利用微信告知某些用户通往商店的路线，并且讲述一些最近发生的趣事，这必然是一种很好的感情沟通方式。

其次，必须结合地理位置。

如今，最受欢迎的互联网产品非微信莫属，那么这到底是什么原因呢？因为智能移动通信设备发展速度越来越快，所以在使用微信时将地理信息合理地利用起来，哪怕是将某种信息推送给附近的人，所获的价值也要远远高出只将信息推送给粉丝。一些有着众多连锁店的品牌，就十分适合通过这种方式来做品牌营销。

如今，O2O 概念被炒得十分火热。简单来讲，O2O 的根本目的就是将客人吸引到店里来。与手机结合起来，带客到店这种事情就变得非常简单了，所以，我们不需要一味地给粉丝推送信息，应该通过搜寻“附近的人”，将他们拉进来，了解产品的信息。

最后，在互动上多下功夫。

很多品牌的微信都设置了自动回复，也就是跟计算机进行交流，有哪个用户喜欢跟计算机进行交流呢？如果你跟某家公司进行微信互动，但得到的回复都是这家公司早已经编辑好的答案，这种互动你会喜欢吗？有什么意义呢？所以，如果品牌想将微信营销做好，就要解决互动问题。如果你问肯德基的微信，距离你最近的肯德基店在哪里，而它无法给出回答，那么这种互动就远不如微博了。

品牌微信营销具体应该注意些什么呢？

（1）重视用户体验，取消所有恶意推送。

企业微信订阅号总是在不间断地为用户推送各种信息，如果实在没内容可推了，也不愿意浪费手中的资源，会找一些笑话来充数。这种推送方式的企业微信订阅号无疑就是一个笑话，你总是发笑话，必然满足不了用户的需求，会招来用户的厌烦。另外，微信在 2013 年年底推出了《关于诱导分享行为的公告》，明确指出“反对不正当利用公众号群发消息的功能破坏用户体验的行为”。某些企业喜欢通过群发消息等方式诱导用户将其推送的内容进行分享，这种行为微信是坚决制止的。

（2）企业应该为用户提供有效价值，不然用户必然会取消关注。

微信内容应该具备实用、有趣、互动和分享等特点。但是为用户提供有效价值并不是说说而已，而应该付诸行动。招行信用卡、南方航空等企业微信订阅号，都是通过具有实用意义的服务来黏住用户的，而不是简单地发布一些内容，将自己吹得天花乱坠来诱导用户关注。

（3）任何服务号，都应该从用户角度分析事情，成为一款实用的 APP。

无论是引用户发笑，还是为用户提供某些信息资源，抑或是帮助用户解决实际问题等，每一个微信订阅号都是一款实用的APP。但是，如果微信订阅号只是为了企业的某些利益而存在的，那么这种急功近利的运营方式必然会受到用户的抵制。根据微信官方的说法，他们希望企业可以将自己的微信公众号做成微信服务号。

（4）获取信息与用户体验需平衡。

用户想获得何类信息，想得到多少，必须由他们自己做主，而不是企业直接为用户做决定。这中间的平衡关系必须通过谨慎地调研之后进行总结，而不能由企业进行诱导——“这条信息挺好，分享吧”，这样必然会招来用户的反感，甚至是致使用户取消关注。未来，企业微信公众平台必然逐渐向微信服务号靠拢。如果某家企业将服务做到“呼之即来挥之即去”的程度，必然能让用户感受到极致的体验，从而获得更多用户的关注。

（5）将本地化与微信服务紧密结合起来。

未来，本地化、社区化和情景化会逐渐融入微信服务之中，同时还会与微信支付结合起来，这样必然可以受到广大微信用户的欢迎。比如，餐饮、购物甚至是生活中的一些服务都可以做到足不出户，实现服务到家，这就是微信生活方式的具体体现。

（6）某些微信营销课程都不实用，企业运营者需注意。

微信到底是不是营销工具？可以说，目前是“仁者见仁，智者见智”。但就当下情况而言，即使微信可以算作营销工具，但在被玩烂的情况下，也就起不到任何营销作用了。现在，很多培训单位纷纷推出了微信营销培训课程，甚至没有实战经验的讲师也可以忽悠到一些学员，关键就是能否找到学生。传统企业的很多人没有意识到这一点，纷纷转战这一市场，致使一些网络媒体上随处可见这种微信营销培训的广告。所以，企业运营者在进行微信营销学习时，必须慎重再慎重，否则只能是白费力气。

此外，家电企业如果想进行品牌微信营销，就必须找到合适的解决方案。

针对家电品牌所处的环境，微信营销专家为家电制订了一套实用的解决方案。家电企业可以从微网站、微应用、微活动等方面来解决自己所面临的各种困境。

（1）微网站。

如果家电企业想要建立自己的微网站，就必须在网站上添加诸如产品简介、优惠活动、预约、导航等方面的功能，将企业品牌的特色、品牌定位、优势等方面的内容全部展示在微信端，同时还要为用户提供有效信息，让用户通过微信了解到更多关于家电品牌的信息，尽最大的可能满足用户的需求。

（2）微活动。

虽然家电企业也推出了一些微信活动，但都是一些传统的活动方式，这根本不能吸引更多的用户关注。因此，家电企业应该推陈出新，将一些新颖的方式放在微信活动中，比如幸运转盘、刮刮卡，等等。这种方式不仅简单，而且容易吸引用户关注并参与进来。如果家电企业可以定期举办这种微信活动，无疑可以为企业招来更多的用户关注。最主要的是，可以增加用户对品牌的好感和信任，最终吸引用户购买该品牌的产品。家电企业还可以通过微信营销活动赠送老顾客一些礼品，这样有助于保持企业与用户之间的关系，提升用户对品牌的忠诚度。

（3）微应用。

家电企业应该为用户提供更多的微信应用。比如，在线预约、一键导航、一键拨号，等等。

很多家电企业的店面预约与客流量一般都远超线上，但实体店面的接待能力有限。因此，针对这种情况，家电企业可以推出微信端的在线预约功能，这样用户就可以在微信端进行线上预约，既可以节省用户时间，又可以为企业留出准备时间，让其及时安排服务项目，以便为用户提供更好的服务。

一键导航功能，则能为企业节省一定的人力资源，以前的客服或许需要十多个，现在仅需一个客服，就可以完成这项工作。这无疑为企业节省了大量成本。

此外，一键拨号功能的接入，直接将微信当作一种联系方式运用到了与用户的交流过程中，通过移动门户的植入，就可以直接拨打电话，这样就可以在不知道对方号码的情况下完成通话，既简单又快捷。

（4）微会员。

微信公众号的微会员功能，可以帮助企业收集消费者信息，建立专项数据库，就为企业的用户管理带来了极大的便利，同时还可以为会员用户提供专属服务。用户只需办理一个电子版的微会员卡，就可以了解到某个品牌的所有促销活动、优惠信息等，同时可以享受到会员专享服务，而且用户可以通过自己的微会员卡查看积分情况，了解可以享受到的各种服务信息。最主要的是，可以将企业的互联网用户吸引到线下进行二次消费，为企业带来更多收益。用户可以凭借自己的微会员卡直接去该企业的实体店进行消费，这样也可以在线下享受到与线上一样的优惠服务。这不仅为用户提供了诸多便利，让用户感受到更好的体验，同时为商家节省了大量成本，如实体卡制作费用、信息发送费用，等等。最主要的是，还可以通过这种服务提升用户对该商家的满意度。

（5）微客服。

微信公众号中的微客服功能，是将图文、语音、电话等多种形式集合起来的智能客服，它与人工客服结合起来进行咨询引导服务，这种服务模式为用户带来了更多便利，全面提升了用户体验。如果用户需要解决的是一些常见问题，那么就可以通过智能客服为用户的问题进行解答，这样用户就可以在最短的时间内得到帮助；如果用户需要解决一些特殊问题，那么则由人工客服提供服务。这种人机结合的服务方式，为用户的咨询服务提供了更大的自由空间，让用户可以进行自主选择。

第四节 推广利器：微信与企业品牌

当微信推出公众账号，将企业全部收拢其中时，就表明常用的营销方式已经不适用了，需要进行颠覆性的改变。如今，宣传已经不是过去的大撒网式广播了，逐渐变得更注重品牌效应的传递，同时企业也可以同用户进行直接交流。这种“点对点”的互动方式，可以帮助企业的微信公众号完成自动回复、关键词搜索等，这些扩展应用都可以通过这种方式来实现。它可以让任何用户都不再只是信息的接收方，而可以直接转变为制定信息的参与者。最主要的是，可以加深消费者对品牌的印象，拉近企业与消费者之间的距离。

总而言之，只要经过详细策划，微信公众平台就可以被打造成一个拥有众多功能的 APP。同时，它还可以成为一个企业与用户一对一交流的客服中心，以较低的成本实现过去需要很高成本才能实现的交流效果。微信营销逐渐成为各知名品牌企业广泛选用的营销新手段。但是，可以游刃有余地使用这一营销模式的企业极少，目前的互联网企业和传统企业当中只有几家巨头可以实现。很多营销大师都认为微信营销孕育着大智慧，很多经典案例也都可以证明这一点，无论任何企业，在进行品牌营销时，都应该积极采用这一模式，将它灵活地运用在营销活动之中。就微信营销这种模式而言，它具备巨大的营销潜力，企业可以在这种模式中找到关于品牌宣传的更多灵感。

一个优秀的企业，离不开品牌的支撑，如果一个企业没有自己的品牌，将处处受制于人。因此，品牌就是一个企业的命脉，要把握好自己的命脉，企业就必须对自己的品牌进行宣传，提高品牌的影响力，这样才能将品牌的作用发挥到最大。微信营销活动对品牌的推广有着巨大的推动作用，品牌推广也是企业和微信之间的最佳结合点。对于企业而言，通过微信公众号对产品进行营销推广，可以最大限度地发挥微信的力量。这主要体现在以下几点。

首先，通过微信可以将企业品牌的新老用户聚集起来，形成消费闭环。这种方式有利于将用户变成忠实粉丝，并有可能进一步转变为品牌优势。一直以来，很多知名品牌企业都在各大媒体投入大量资金进行营销宣传，但是在营销过后，企业的很多目标用户还是媒体的，如果企业下次要进行营销活动，还是要找媒体，进行二次投入，这无疑极为浪费成本。

微信营销与媒体营销有着很大的不同，通过微信进行的营销活动，每次营销过后都会有一部分沉淀，使一部分用户转变为自己的忠实用户；微信营销支持包含文字、语音等绝大多数媒体发布互动形式，基本上可以满足任何企业的营销需求；微信手机端的特性可以保证品牌的推送信息可以直接传递到用户手中。这就使得企业的新品发布、品牌活动等服务，可以直接在微信公众号中得以实现。

其次，通过微信，消费者可以直接在线上进行下单并付款。通过第三方开发者，微信可以在平台接口处与其他功能实现对接，为微信平台增加了大量的外来功能。这样品牌企业就可以在这个看似不大、实际却非常宏大的微信公众账号中，实现为用户提供购买服务。

同时，企业在进行品牌推广的过程中，也要注意一些问题，避免因为某些小瑕疵导致品牌推广效果不佳。主要应注意的有以下几点：

（1）不要对用户推送与微信公众账号主题内容无关的小广告。例如，如果是做图书发行的，就不能在推送信息时发送一些与图书发行无关的家具广告。有很多微信大号因为无限度地推送大量垃圾广告，最后被微信官方强制关闭了群发功能。

（2）不要推送一些有关色情、暴力，甚至是涉及政治等方面的敏感话题信息。腾讯公司可以对所有微信公众账号所推送的内容进行实时监控，所以，一旦微信官方发现某个微信公众账号推送了此类信息，那么该微信号就会被关闭群发功能，甚至受到封号处理。

（3）不要利用强制或奖励的方式让用户将某条信息分享到自己的朋友圈。简单来说，就是不要在推送的消息内容里特别告知用户，如果将某条信息分享至朋友圈，便可以得到某种奖励；或者特别强调用户必须对某条信息进行分享，如果不分享，用户将失去某项优惠；又或者是只有朋友圈的用户看到某种信息时立即对该公众号进行关注才能得到某项结果，等等。曾经有很多知名的微信大号因为没有注意到此类问题，直接被封号一星期。

（4）不要推送虚假信息欺骗用户。企业在进行品牌推广时，一定不要在微信中推送某些虚假信息，甚至是某些假冒伪劣产品的广告，如果想保证推广效果，就必须推送真实信息。如果这两点做得不好，就很容易会被用户投诉，用户投诉所造成的后果就是微信官方直接将微信群发功能关闭。

此外，还可以通过以下微信营销技巧，提高品牌推广的效果。

一是以 engage 为纲，持续突破。

根据微信官方的规定，任何人都可以注册自己的微信公众号，但是，如果某个微信公众号想申请认证，这个公众号必须得到 1000 人以上的关注，才拥有申请权限。企业在开通微信公众账号之后，并不能自动获得用户的关注，需要通过各种方式吸引用户，让用户扫描自己的二维码，从而进行关注。这种方式无疑提高了用户关注的便利性，因为如果用户想关注你的品牌，那么只需对着二维码“扫一扫”，就可以直接关注。从另一个角度看，一个微信公众账号如果能吸引用户进行主动关注，就意味着它已经实现了精准定位。这时，品牌接下来需要做的就是利用 engage，找出用户真正关注的点。所以，品牌的微信营销必须从用户需求入手，只有认清用户的具体需求，才能激发用户的主动性，增强品牌与用户之间的黏度。同时，在社会化营销中，品牌与企业之间必须展开类似于“人”的沟通，利用微信“一对一”的沟通优势，加强品牌与用户之间的交流。这对于提高品牌的内容营销能力有很大的作用。

二是守好“内容营销”的关口。

如果企业想在微信公众账号中让品牌“自然”露出，可以通过两个途径实现，在二维码中嵌入品牌标识，同时在企业推送的信息中公开品牌订阅信息；借助企业的关注页和朋友圈，实现品牌的扩散式传播。此外，也可以通过用户来达到品牌的“自然”露出，用户可以在个人信息页将品牌标识直接展现出来。

很多营销专家认为，品牌在微信上必须做到谨言慎行，避免招来用户的厌恶。企业在品牌微信营销的过程中，应该根据品牌的服务领域以及自身特点，灵活运用微信的相应功能，对品牌传播工作进行合理规划。另外，品牌微信的内容营销，对微信内容的创意有着很高的要求。虽然目前企业可以在微信后台直接对用户进行分组式管理，但想深入了解用户，就必须进行有效沟通。

三是打造“私密”的品牌社区。

目前，很多关注同一微信公众账号或品牌的用户都没有任何交集，用户之所以关注某个品牌，或许只是为了得到某些有用的品牌信息、优惠信息等。所以，如果企业想让微信品牌营销取得更好的效果，就应该灵活运用微信的产品特征，打造一个半公开的品牌社区，然后对品牌的宣传信息进行设置，让其完全符合品牌特征，并利用“一对多”和“一对一”的交互方式，与用户形成密切交流。如此一来，必然可以提高用户关注度，增强企业的品牌推广效果。

第五节 大牌化妆品的营销妙招

当化妆品行业内的传统企业开始借助移动互联网来博取消费者的欢心时，化妆品行业就迎来了势不可挡的微营销时代。哪里有用户哪里就有商家，当广大用户的注意力逐渐向新媒体平台转移的时候，品牌商也开始跟着思考如何利用新技术吸引消费者，坐拥 6 亿用户的微信轻而易举地吸引了所有企业的目光，成为化妆品企业接触新媒体营销的最佳选择。

在国内化妆品企业中，珀莱雅是较早开通微信公众平台的品牌之一，它的微信主页有三个自定义菜单，分别是介绍珀莱雅产品和防伪信息的“珀家产品”、普及护肤知识的“小珀老师”和专门更新产品促销信息、帮助促成线下销售的“促销惊喜”。珀莱雅针对微信的语音功能，开发出用户回复——明星应答的新玩法，即后台系统通过锁定用户回复中的关键词，匹配问候语、护肤小知识和产品介绍等品牌代言人的音频资料发给用户，深度挖掘了代言人的价值。

企业微信营销的最终目的还是要实现双向互动的O2O闭环。很多化妆品企业都有借助线下专柜来推广的公众平台，并通过线上互动，完成品牌的传播与二次销售，微信同时也在引导粉丝更频繁地迈向线下专柜。

雅诗兰黛的微信公众平台推出的“奢宠白金坊”功能，使用户仅凭借一个手机号，就能实现专柜“白金会员”与个人微信账号的绑定。在绑定之后，品牌的会员粉丝可以通过微信接收活动通知和查询个人积分。自然堂和OLAY的微信公众平台也可以实现类似的会员绑定，其会员粉丝还可以通过平台查询积分，兑换礼品。这三个品牌都是通过向用户赠送礼品的方法把顾客搬运到微信平台上的，既可以借助粉丝实现品牌宣传的目的，又能通过微信跳转到电商网站，引导线下顾客的线上消费。雅诗兰黛的微信平台除了向用户提供一般的客户服务，还建立了专柜导航的模块，用户只要发送位置，就能得到周边的专柜信息，使有购物需要的用户直奔最近的专柜。

理肤泉曾经利用微信平台发起过样品派送的活动。活动要求用户在申请到小样后，自行到店领取，这不但收集到了大量的用户信息，还实现了吸引顾客进店。与之类似的还有娇韵诗的微信平台，只要用户对其添加关注，就可以去专柜领取产品试用装。显然，这些都是实现 O2O 闭环的有益尝试。

利用微信这一新媒体平台，实现企业与用户的良好沟通，并最终完成品牌推广和产品销售，对于习惯依赖广告宣传的企业来说，并不是一件容易的事情，需要长期摸索和规划。就象宝洁公司的社会化媒体营销目标是“最终要和每一个人，建立实时的一对一的一辈子的关系”一样，所有企业的社会化营销目标都是要建立和用户一对一的长期稳定的个人关系。也许在不久的未来，实现营销目标不再需要复杂的渠道，只要让企业产品进入消费者的手机就够了。

以下是化妆品行业一些常见的品牌营销策略。

策略一，关注有礼，用赠品捆绑用户。

这是引导用户行为和品牌关系的第一步。比如，只要用户关注欧莱雅的官方微信即可成为会员粉丝，享受会员折扣；用户在自然堂的公众平台查询到最近的专柜，可以直接领取 BB 霜样品。这些都是将用户行为嫁接到企业品牌活动上的范例。

策略二，推广产品知识，把产品讲给用户听。

微信把私人化、一对一的品牌互动变成了现实。企业可以通过微信一对一的精准沟通功能，将官方平台作为品牌的展示平台，系统地包装推介产品信息，引发用户的关注，促成线上交易。自然堂就曾经将时尚媒体的报道组合成系列文章，通过微信精准推送，引发用户关注，提升了自身的品牌价值。

策略三，制作微信促销海报，把活动信息及时传递给用户。

欧莱雅的官方微信会在每个月初发布次月的促销信息，让品牌的粉丝及时知道，能早一步抢购自己喜欢的产品。这一举措成功地增加了粉丝，并提升了用户黏性。

策略四，利用微信的私密属性，建立密友会。

私密和随身是微信独有的两大特点。化妆品主要消费人群是年轻女性，她们喜欢秘密，有很多隐私不愿意也不喜欢暴露在大庭广众之下。微信正好为消费者的交流提供了隐私保障。在微信平台上，用户可以随心所欲地发问。

欧莱雅微信公众平台的密友会功能就把握了女性消费者的这种心理，结合用户热点需求，按期推出一套产品问答，用户还可以随时向平台提问。他们还按月抽取 5 位幸运粉丝，赠送产品，直击用户的心理需求，获得用户的产品认同，提高了粉丝黏性。

策略五，时尚风向标——最懂用户心。

互联网的优势在于数据、信息整合，移动互联网的优势在于让随时随地的互联网成为现实。用户可以不受时空限制，和网站端产生大规模的即时或者延时的交互。这样，通过移动互联网的模式可以更好地把线下交易呈现出来，激发巨大潜能。

欧莱雅推出了系列“妆点戛纳明星范儿”活动。在向大家介绍知名影星时，特别突出明星的装扮，精致妆容实时配上欧莱雅的相关产品，即便这些明星不是全部用了欧莱雅产品，也会给人一种错觉，只要用了这几款产品就能拥有和明星一样动人的妆容。

策略六，微信自助餐——需要什么自己点。

品牌通过将产品进行细分，设置关键词，并用数字或字母标注，一旦用户回复相关词语，就可以得到其所需要的详细信息，快捷而又高效，同时企业也省时省力。

微信的自动回复功能仔细挖掘，潜力无限。自然堂把“武林争霸赛随手拍”赢大奖等营销活动设置到自动回复，以吸引更多的粉丝来参加。

策略七，情感沟通——搭建心灵桥梁。

情感永远是人际关系的纽带。它可以是爱心，可以是开心，也可以是童心。微信也成为企业和用户情感沟通的桥梁，帮助人们缓解压力，抒发情感。

欧莱雅提出的美肤星象将护肤与女生最爱的星座相结合，大大赚取了年轻女生的眼球；永远过儿童节是当下所有年轻人不老的梦想，为引发大家不想长大的共鸣，自然堂携手 CCTV 发起了“寻找最美孝心少年”活动，树立了自然堂的慈善形象。

策略八，化妆品微信矩阵——“群力”不可小觑。

由于当前微信平台尚有待完善，加 V 认证可以让用户更有信赖感。同时，为了更有针对性地提供服务，品牌微信平台也可以参考微博，根据不同需求定位，专门提供某项服务。

策略九，陪聊式对话——品牌也能唱能聊。

微信的即时语音功能是其他营销方式所遥不可及的。通过语音触发的营销案例也令人耳目一新。它不仅让语音聊天成为现实，更是让随时来个小曲成为可能。

日化品牌飘柔微信平台能唱歌、能聊天，添加“飘柔 Rejoice”为好友后，就可根据选择进入聊天模式。真人版对话式微信，有能聊天又能唱歌的小飘陪伴。

化妆品行业如何搭建企业公众平台？

化妆品行业的企业公众平台建设，包括了产品介绍、优惠活动、一键导航等全方位多角度的展示功能，将品牌定位、产品信息、服务信息全面具体地展示在公众平台上，为消费者提供了丰富的资讯，满足了消费者的求知需要。

（1）化妆品微活动——刮刮卡、大转盘、优惠券。

还在为传统的活动方式参与用户少而烦恼吗？刮刮卡、大转盘的活动新奇好玩，而且参与方式简单，能够快速吸引新用户关注、参与，定期举行微信活动还能提高消费者对店铺的好感度，最终将消费者吸引到店里来购买，并且通过定期的微信营销活动赠送给老顾客一些礼品，维系和老顾客之间的关系，提高老顾客对该店的忠诚度。

（2）微应用：在线预约、一键导航和一键拨号。

针对线下会所预约客流量较大而会所接待能力有限的情况，推出了在线预约的功能，消费者在微信端提前预约，操作便捷，同时能省去大量等待排队的时间，也给了商家提前准备、安排服务项目的时间，从而给客户提供更周到的服务。

一键导航功能，可节省大量的人力客服，从而节省人力客服的成本。

一键拨号功能的接入，把微信和联系方式融合在一起，通过移动门户的植入，直接拨打电话，无须再为电话号码记不住而发愁，一键拨号就帮你搞定了。

（3）化妆品微会员——电子会员卡。

微会员功能可收集会员信息建立商家的消费者数据库，从而为会员提供专属服务并方便管理。只需一个电子微会员卡就可以将全部的促销优惠、会员专享等服务信息直接显示在微会员页面，消费者可直接通过自己的会员卡查看积分、可享受的服务、优惠等。将商家已有的线上用户吸引至线下进行二次消费，直接促进商家的营业额提升，消费者到店消费后只需要拿出手机出示自己的微会员卡，就可享受优惠服务，免去了携带多个实体卡的麻烦，方便了顾客，也提升了服务质量，提升了消费者对商家服务的满意度，同时为商家减少了实体卡的制作成本和信息发送成本。

（4）化妆品微相册。

随手拍下的美景即可展现到微相册中，与用户共享企业的每一份精彩。

（5）化妆品微商城。

微商城是用手机购物的客户端，手指轻轻划一划即可购物，软件操作方便快捷。化妆品行业的微商城建设包括产品信息、订单查询、在线支付、客服等内容。消费者在微信上能了解到全面的信息，并完成购买，简单快捷。

（6）化妆品微社区。

化妆品的微社区把BBS搬运到粉丝的手机上，用户可以进入公众账号，找到“微社区”模块，发帖、回帖和分享。

（7）微会议。

这个应用把传统的线下互动环节变为线上互动，利用多媒体技术手段把线下互动过程展现在大屏幕上，支持图文、投票、抽奖等多种形式。化妆品企业可以利用会议讨论、活动交流、头脑风暴等微会议形式吸引粉丝。

第六章

微信与社会化媒体营销

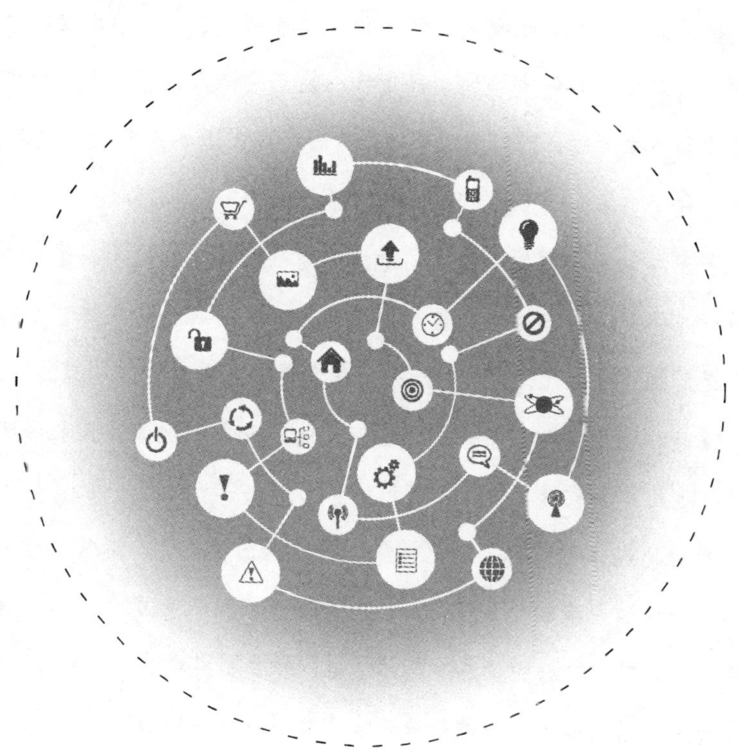

社会化媒体营销是指那些依赖于社交媒体用户形成的人际关系网络进行产品销售的营销模式。社会化媒体营销使企业和消费者建立起一种实时双向、方便直接的沟通关系。由于它个人色彩浓烈，强调个体属性和个体关联，所以很容易被大众接受。美国的知名杂志《连线》定义这种新媒体为："所有人对所有人的传播"。

基于移动互联网发展而来的微信作为社会化媒体的承载平台，使社会化媒体成为用户生活的重要组成部分，促使社会化媒体营销进入一个崭新的微信时代。这个时代的运营者更加注重对媒体渠道的创新、用户体验和互动。微信带来的沟通方式的转变，实现了虚拟和现实的联动，这正是承载社会化媒体营销的原动力。

社会化媒体营销有社会化、媒体、营销三重属性，运营者首先要思考如何让消费者和企业产品产生社会关系；其次要思考如何发挥媒体威力，让更多的消费者感知产品信息；最后要实现社会化媒体营销，促成线上交易向线下消费的转变，实现营销这一最终目的。

在当今的移动互联网时代，传统的电脑逐渐被智能手机取代，移动社交迎来了井喷式的发展，形成了人人有手机、人人用手机、人人看手机的生活常态，创意内容成为企业能够在社会化媒体营销的竞争中脱颖而出的驱动力。微信公众平台功能众多，能够满足营销创新的基本需要，所以受到企业的极力追捧。

现在大多数的企业还处在借助公众平台积累粉丝、扩大品牌影响力的阶段，真正的广告投放环境还不成熟，社会化媒体营销也尚在初级阶段。

第一节 什么是社会化媒体营销

什么是社会化媒体？社会化媒体等同于社交媒体，那些允许用户撰写、分享、评价、讨论、沟通的技术和网络都是社交媒体。社交媒体是人们用来发表意见、交流经验、分享观点的工具和平台。微信就是一种常见的社交媒体。得益于互联网的高速发展，社交媒体在现实生活中爆发出令人炫目的能量。据调查，社交媒体在新闻传播中的作用已经超过了搜索引擎，成为人们获取信息的重要通道。

什么是社会化媒体营销？社会化媒体营销是指那些依赖于社交媒体用户形成的人际关系网络进行产品销售的营销模式。社会化媒体营销使企业和消费者建立起一种实时双向、方便直接的沟通关系。现在大多数企业还处在借助公众平台积累粉丝、扩大品牌影响力的阶段，真正的广告投放环境还不成熟，社会化媒体营销也尚在初级阶段。

内容策划是社会化媒体营销的重要环节，没有内容就谈不上策划和运营。社会化媒体营销的内容可以同时来源于企业和用户，这打破了传统营销模式中企业为信息生产源头的旧局面，改变了用户作为信息被动接受者的地位，使之成为信息的主动制造者和传播者。所以，企业公众账号的运营者在策划营销内容的时候，必须要引导用户参与到制作和传播的环节中来，令他们成为传播渠道的一部分。

总结一下，我们可以发现社会化媒体的内容策划主要包含四种类型。

第一种，产品营销，主要包括新产品的发布、经典产品的推荐和优惠信息等。这是企业利用公众平台进行产品宣传和销售的常见手法。

第二种，品牌文化宣传，主要包括企业背景、企业故事、品牌文化、品牌动态、公司业绩、优秀员工、线下广告和活动宣传等。运营者通过利用公众平台的多媒体功能，以图文、音频、视频宣传企业文化，推广品牌形象，拉近了用户与品牌之间的距离，增加了消费者对品牌的认同感。

第三种，互动。企业的公众平台有两大特征，一个是粉丝集中，另一个是基于即时通信工具的强互动性。这为企业开展在线活动提供了理想的渠道，维护了客户关系，提升了用户对品牌的忠诚度。另外，互动活动有利于激发受众的创造兴趣，形成自传播。

第四种，客户服务。像中国移动、中国联通这样受众群体大众化的企业直接利用公众平台作为客服，使用户可以便捷及时地把不满反馈给企业，提升了用户体验，等同于提升品牌形象。在企业社会化媒体营销的实际操作中，运营者要根据企业的营销定位和企业所处的营销阶段选取内容的类型，这需要在不断的探索中优化改进。

企业策划社会化媒体营销，要遵循如下步骤。

（1）锁定目标用户。

首先要明确营销的对象，即目标用户。要了解和挖掘目标用户的偏好和兴趣点，明晰目标用户的潜在需求。在此基础之上，提出的策划才能够吸引用户的眼球。

（2）定位营销内容。

企业的公众平台代表着企业的官方身份，浓缩了企业的整体形象，向用户传递着统一的声音，运营者要结合企业的营销策略与品牌定位来确定营销内容。比如，当星巴克希望向消费者传递品牌内涵和产品价值的时候，营销内容是“实用的咖啡知识”；当想维护客户关系的时候，营销内容是针对消费者的在线答疑。

（3）情感化叙述。

社交媒体的核心是人，因此越是人性化的东西越容易得到传播。

在微信平台上，企业和用户是在以平等的关系对话。以心理学的理论来说，人对故事和事实描述的反应更为强烈，更喜欢在叙事中理解内容。所以，运营者发布的营销内容应该是叙事性的，并且逻辑严谨，饱含情感元素。

（4）创造性思维。

在正式发布内容前，运营者还必须精心策划呈现形式。以表现形式来说，手段越夸张，越能吸引观众的眼球，影片、音乐、漫画都是比较受欢迎的形式；以内容来说，那些简单轻松、幽默诙谐、饱含情感的东西更容易引起用户的共鸣。

（5）培养用户习惯。

规律化的营销内容有助于形成用户的品牌记忆。运营者应该有计划地更新营销内容，形成规律，培养用户的阅读习惯。

（6）推动内容的传播。

在社会化媒体平台中，信息的流动很快，即便运营者有很好的营销内容，如果只是简单地发布出去，那么很快就会被淹没，无法发挥其真正的作用。运营者可以借助一些现实可行的推广手段实现内容传播，尽可能地覆盖目标用户。

（7）关注反馈信息。

及时关注用户的反馈信息，有助于加深企业品牌和用户的关系，更好地传递品牌文化，提升服务体验，最终提高用户的品牌黏性。

第二节
新媒体运营的使用技巧

有个小故事相信大家都听过，从前有个小气的财主聘了一位先生来教导儿子认字。先生提起笔杆写了个横，告诉学生这是一；写了两横，告诉学生这是二；写了三横，告诉学生这是三。财主的儿子一拍脑门对财主说：“我已经学会认字了，你把先生辞退吧。”

现在很多企业公众账号的运营者都抱有这种心态，刚认识了一、二、三，就傲慢起来，认为新媒体运营十分简单，没有什么了不起的。这种心态导致他们总是接受片面的信息，对新媒体运营的方法产生误解。其实，新媒体是一个很大的范畴，其职能涉及数据分析、媒介合作、心理博弈、资源整合、热点炒作等，承载着策划、宣传、公关、推广的方方面面，绝不仅仅是发发消息、抽抽奖那么简单。

事实上，新媒体对其运营人员的素质有很高的要求，他们必须足够了解产品、了解用户，同时熟悉网络，善于整合资源，并且要懂传播。

第一，新媒体要求其运营者要足够了解企业产品。

企业运营的一切都离不开产品。有些企业公众账号向用户推送了很多精彩的内容，如果这些内容与企业的产品和服务没有联系，没有用户通过内容注意到企业的产品，那么这些内容就毫无意义。运营者只有熟悉产品，充分了解产品的优缺点，洞悉产品吸引用户的关键优势，才能快速定位，把产品植入到新媒体当中去。

第二，新媒体要求其运营者足够了解目标用户。

运营者对用户的了解建立在与用户长期接触的基础上，一位合格的新媒体运营人员要能够和用户打成一片，有能力解决用户提出的问题，能够通过观察用户的喜怒哀乐，摸清他们的喜好和特征。

第三，新媒体要求其运营者熟悉网络。

运营者只有熟悉网络，才有能力对网络的热点和新闻做出预判。这种预判趋势的能力无论是对传统媒体，还是对企业自媒体来说都是非常关键的。在社交媒体时代，企业需要对热点新闻做出快速反应，并找到有利于自身的信息点，顺势而为。

第四，新媒体要求其运营者善于整合资源。

编辑人员要善于整合素材和资源，材料多的时候能够去伪存真，材料少的时候能够关联想象，铺陈出“锦绣”文章。

第五，新媒体要求其运营者懂传播。

引爆点、传播节点、传播形式是传播的三个要素。微博、微信、自媒体都只是传播的媒介。运营者想借某一新媒体传播品牌，必须先掌握这种媒介自身的传播规律。比如，杜蕾斯这种新媒体运营的行家里手，拥有超过10人的创意团队和业已成熟的运作机制，永远都按照一套有理可循的逻辑出牌。

其实，这与企业文化和品牌宣传是有相同之处的，都需要企业构建一个完整的经营体系。如果不能理解这一关键点，新媒体运营也就成了换个地方发文章。

那么，哪些技巧可以帮助运营者更好地完成新媒体运营策划呢？

技巧一，确立定位，给自己贴好标签。

运营者在做公众平台前，一定要确定公众平台定位，即这个平台到底能满足哪些用户需求？可以解决什么问题？然后用简短的词语来概括平台的属性和特征。比如，"我们爱讲冷笑话"的标签就是图文形式的冷笑话。这个标签就是它的专有属性，用户一想起冷笑话，就能想起这个标签。

技巧二，分享是做好公众账号运营的关键。

分享意味着有更多的用户会看到内容，意味着更加有效的传播。运营者所做的每一条内容，都必须时刻考虑传播性。必须积累一定的用户资源，仔细选定标题，深入考虑内容的每一个细节。可以分析那些备受用户追捧的账号为什么做得好。合格的运营者必须能够认识更多和自己做同样事情的人，学会互转，不能认为只要发布内容就一定会有用户看，而什么都不做。

技巧三，要注意内容的时效性，要向时下的热点借势。

众所周知，在一个热门新闻的传播过程中，第一个爆料的人往往是受益最大的人。运营者要懂得借助热门新闻，实现自己的粉丝增长。

技巧四，不能单打独斗，要学会互通有无。

很多现在非常知名的公众账号都有同样的基本逻辑，利用多个账号互相转发、相互带动，才能把盘子做大。在开放的互联网时代，闭门造车是不行的，个人英雄主义也是不行的，只有分享合作才能共荣生存。

技巧五，企业的新媒体运营要交给合适的部门来做。

很多企业不能准确定位自己的公众平台，不能把工作交给最合适的部门。比如，那些明明以内容见长的社区网站，没有把新媒体运营的工作交给运营部反而交到市场部的手里。

技巧六，做好资料报备。

现在很多企业都在使用账号矩阵，公众平台的子账号一般有十几个之多。所以，必须要做好资料报备，防止账号丢失。

另外，运营者在面对“热点”的时候要学会冷静地思考。

杜蕾斯的公众账号往往紧跟时代热点，创造了很多社会化营销的经典案例。运营者在肯定其传播效果的同时不免会有疑问：一直采用这种“抢热点”的营销方式，真能给企业公众平台带来实际收益吗？新媒体运营到底应不应该“抢热点”？“抢热点”好不好？

我们现在追热点是为了有一天能够不追热点。企业新媒体在运营中追热点并不能够带来直接的利益转化，运营者做的事情是提升企业品牌的影响力，或者说知名度和美誉度。它的目的有两个，拉拢潜在消费者，让他们意识到品牌的存在；提高老用户黏性，让他们对品牌或产品形成依赖。新媒体运营的意义，是把企业的品牌文化价值和情感诉求一遍又一遍地传递给用户，让他们能够喜欢上这个品牌，不一定要直接消费它，喜欢只是达成购买的条件之一。比如，用户会在一次次关注中逐渐了解杜蕾斯的品牌定位，可能喜欢它，转发它的内容，可能向朋友推荐它，也可能在某一天有消费需要。

那么，在这个过程当中“追热点”起到了什么样的具体作用呢？

首先，只要是热点性的内容，无论品质多么简单粗糙，总是能得到比平时高出数倍的传播量。其次，“追热点”本身契合了目标用户的心理，容易得到他们的认可。人人都有一种喜欢“凑热闹”的心理，喜欢掌握最新的动态，也喜欢追踪热点，因为这样可以产生一种与世界同步的满足感。所以，转发一条热点，远比转发一条普通消息更有价值。它的背后蕴含了这样的逻辑，用户了解到热点之后，对比那些还不知道的人，会产生一种优越感，而那些同样了解热点的人之间，会产生认同感。

总而言之，从直观的角度来看，所有的大品牌无论是什么分类，都在针对热点创意文案，这并非盲目行为，追踪热点内容对品牌文化宣传是有帮助的。另外，一篇好的热点文章总会被大规模地抄袭和转载，媒体、自媒体和门户网站为什么需要重复引用这些内容呢？答案是用户需要。只要能做到品牌与内容紧密结合，流畅地引导用户关注，这些热点性的文章甚至可以给公众账号一次带来数以千计的粉丝。这里面的技巧需要运营者在实际操作中不断摸索总结，很多时候，不是热点文章带不来粉丝，而是某些引导环节做得不够好，在关键时刻掉链子。须知追热点的效果好坏，不在于热点本身，而在于追热点的人如何使用这些热点。在新媒体运营中追逐热点只是手段，不是目的。或者应该换一个方式来提这个问题：如何巧妙地去追逐热点？

第三节
深度解析“病毒”式营销

2015 年春节这几天，微信朋友圈首先被一个以某著名功夫影星为主角的创意视频占领，接下来又被一个看不清颜色的神秘裙子刷屏，最后还跳出一只奇幻小熊。这些热点无一不是突然出现，被炒到全民皆知，又匆匆而去。每一个企业公众账号的运营者都在试图分析它们背后隐藏的营销秘密。

什么东西能在微信朋友圈爆红，这个答案仿佛越来越难以捉摸。运营者想策划出一个热点事件几乎是不可能的，但要借势很容易。热点事件的寿命都非常短暂，一般只有 1~2 天，那些短、快、平的内容更容易吸引大家的注意力，阶段性的策划已经跟不上流行的节奏了，微信运营已经正式迎来了“微”时代。在这个全民参与狂欢的娱乐时代，社交媒体的病毒式传播能力令人惊叹，但也仅仅局限于微信平台，与主流媒体相隔离。

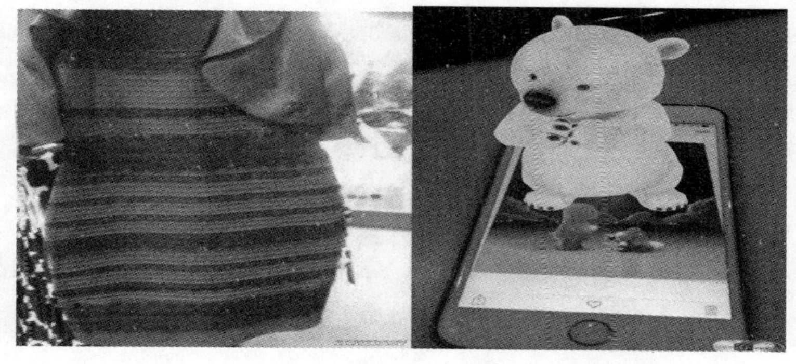

上图中的这件裙子到底是蓝黑色还是白金色呢？

你的手机又能不能让这只小熊跳舞呢？

在“微”时代有三个突出的用户心理，决定了某热点能否被病毒式传播。第一个是攀比心理。微信让朋友之间的交流变得前所未有的容易起来，每个人内心深处的虚荣心理都得到了一个释放机会，如果一个裙子的颜色就能分辨视网膜的优劣，照照小熊就能分辨手机的优劣？大多数用户都会选择去尝试。第二个是娱乐心理，这是一个全民都拥有娱乐精神的时代，一个创意视频流行起来之后会迅速演变成一个可以供全民参与的游戏，每个看到创意的观众都想加入其中，于是演绎出无数的个性化版本。第三个是新鲜心理，在信息泛滥的今天，大家对新鲜事物有一种狂热的敏感。比如，奇幻小熊在行业内是一个非常普通的虚拟技术，普通用户却觉得它很新鲜，很刺激。神秘裙子只是一个视觉误差问题，普通用户却觉得它很新鲜，很刺激。微信连接了各行各业，迅速抹平着不同专业的认知差距，客观上扮演了科普角色。公众账号的运营者要学会研究用户心理，策划营销内容要牢牢地把握住新鲜、娱乐和竞争这三个方面。

分析社会化媒体的病毒式营销，首先要知道什么是病毒式营销。

在 2010 年 7 月，宝洁公司通过 YouTube 上传的一支男性护理用品视频广告，在短短 36 个小时内，播放量达到 2300 万，平均每天有 1500 万的观众点播了视频。当社交媒体主宰整个世界，病毒式营销能够让信息以令人咋舌的速度爆炸式地传播。

来源于消费者本人和他社交圈的商品评价是通常提到的产品口碑。口碑在很大程度上影响着消费者的态度和行为。据调查，相比传统营销方式，口碑在影响消费者更改品牌选择方面有高达 7 倍的优势。口碑的传播不一定就是利他行为，信息传播的两端可能同样受益。信息的散播者可以得到心理上的满足，信息的接收对象可以降低决策风险，降低决策成本。消费者的行为除了会受到来自朋友的口碑影响，还可能受到网络口碑的影响。比如，亚马逊的书评和淘宝的买家秀都足以动摇消费者的决策。

在社会化媒体营销中，病毒式营销等同于企业品牌和企业产品的网络口碑。它是消费者对某一公司品牌和产品的某种印象，并通过社交媒体形成网状传播。在信息的病毒式营销过程中，每一轮传递的增幅都大于一，每一个传播个体都把信息传递给多个人，实现了一种类似于病毒式传播的效果。在企业的微信公众平台上，信息可以方便地通过用户的网状社交圈到达广泛的人群，非常适合开展病毒式营销。

运营者要成功地实施一场病毒式营销，就必须保证能在正确的时间地点条件下，把正确的信息传递给正确的人。正确的人是指信息的传播者，找到正确的人来传播信息是完成病毒式营销的第一个步骤。这里又一次与二八定律相重合，其中 20%的信息传播者要完成 80%的传播任务。所以，运营者能否挑选出适合的原始信息传播者至关重要。

在把一个普通信息转变为病毒信息的过程中，有三类传播者承担着至关重要的任务，它们分别是市场专家、社交达人和销售人员。市场专家是指那些能够大量获得市场信息并且愿意和其他消费者交流讨论，主动散播信息的人。这部分人群往往最早获得信息，然后主动把它散播到自己的社交圈。社交达人是指那些拥有庞大社交网络的人。

当市场专家把信息传递给社交达人时，就意味着病毒式营销已经开始了。每一个社交达人都拥有几百名不同背景的朋友，他们是连接不同社交网络的纽带。销售人员介入到市场专家和社交达人中间，从市场专家那里获取信息，加工整理后使其更易引发传播，然后传递到社交达人手中，完成信息的进一步传播。

无论传播网络搭建得如何完美，如果内容本身缺乏“病毒性”，还是无法实现营销。什么样的内容具有病毒性呢？不但要容易记忆还要有趣味性。以真人真事为原始素材，绝对比商业广告更有效果。另一个办法是利用传闻，尤其是对传播者本身有正面影响的消息，将轻而易举地得到传播。像一些具有实用性的列表内容，或者幽默笑话，又或者涉及私密的话题，都很容易得到传播。总之，能够被病毒式传播的信息一定是能够触发用户情感反映的信息。

除正确的人和正确的信息之外，还有两个外在条件左右着信息的传播。

第一个，用户只会传播那些“尚未人尽皆知”的消息。如果企业在最初把消息宣传得铺天盖地，人尽皆知，反而会阻碍信息的传播。在营销早期，企业应该集中精力将信息传递到互不相关的社交网络中，因为这些聚集了不同人群的网络是有利于病毒式营销的最佳选择。

第二个，病毒式营销需要天时地利。2015 年的电影《王牌特工》，其宣传堪称病毒式营销的完美案例。电影的营销团队大胆利用韩国本土的热门事件。比如，富人阶层滥用权力，来进行电影营销。“尽管社会阶层间的对立情绪在每一个国家都有，但是这部充满质感又搞笑的讲述普通人逆袭故事的电影，给了这个国家的观众最佳的释放压力的出口。”福克斯表示：“在这部电影上映的时候，恰好是这个国家对政府官员、超级富裕阶层以及富二代们最为不满的时候。”

完成一次成功的病毒式营销需要企业和消费者的相互作用，营销的发起者既可以是企业，也可以是消费者。和其他营销模式一样，病毒式营销也有可能面临失败，一旦失败会给企业带来负面影响。

病毒式营销既是一门艺术，也是一门科学。运营者需要掌握其中的一些基本科学规律。首先，运营者要重视其他营销元素。尽管病毒式营销有种种优越之处，但无法拯救低劣的产品质量、不合理的产品价格和软弱无力的分销渠道。要发挥病毒式营销真正的作用，必须要打通营销的其余环节。其次，病毒式营销需要和传统营销互助互利。病毒式营销在社交媒体上消散和扩散的速度一样快。须知病毒式营销戳中的用户痛点是“新鲜”，和今天的消息一比较，昨天的消息就不够新鲜了。运营者想维持病毒式营销的推广效果，难免要利用传统营销渠道。再次，过度干预可能导致营销的失败。和传统的营销方式一样，病毒式营销也需要前期的详细规划和整体设计。企业一旦投放“病毒”，就不应该再有过多的干预了，尤其不能勉强那些没有传播意向的消费者。最后，高度前卫和边缘的内容是有风险的，因为，前卫信息和不当信息之间往往只有一步之遥。

企业公众账号的运营者要学会从两个方面分析病毒式营销的发展未来。1967 年，哈佛大学的两位教授提出了在后来备受诟病的“小世界理论”。该理论认为，只需要经过 5 个中间人，就能把任意两个互不相识的美国公民联系在一起。尽管其论证方法尚存缺陷，还是体现了人际关系的巨大力量。这个理论也从反面说明“感染”和“免疫”仅有一步之遥，就像我们的身体会对病毒产生抗体一样，病毒式营销的生命周期也不是无限的。但至少在今天，每一位野心勃勃的运营者都还在投入大量的时间和精力去思考它，研究它。而只要我们打开微信，都能发现营销病毒的身影。

第四节 小米的社交媒体思维

我们正处在一个社交信息的时代，越来越多的信息来自社交媒体，如何利用社交媒体完成口碑传播是企业关心的重点。以前的企业习惯于埋头做产品，然后利用销售渠道去宣传推广，等着那些有需求的用户看到广告，并不重视忠实用户这个细节。伴随着社交媒体在市场营销中的影响力日益凸显，越来越多的企业希望通过用户来树立口碑，他们都意识到只有维护好第一批种子用户，通过社交媒体传播信息，才是获得用户的正确方法，才能有渠道去做市场。企业公众账号的运营者需要知道产品、用户关系和社交媒体是使企业品牌能在消费者当中传播的三要素。

众所周知，“为发烧而生”的小米公司近年来迅猛成长，是国内把社会化营销做到极致的第一品牌。这张图片援引自小米联合创始人黎万强的著作《参与感》，揭开了做好用户口碑的秘密，有诸多值得反思借鉴之处。

在谈论企业运营的时候，一定不能脱离企业的产品，产品是企业的核心价值所在。产品是发动机，用户关系是关系链，社交媒体是加速器，提升产品质量、维护用户关系和充分利用社交媒体是企业做好社会化营销的基础。首先，好产品是提升用户体验的基础。企业必须提升自己的产品价值，保证产品在客户眼里是有用的、好用的，要把产品做到极致，甚至超出客户的期望值，即使一时难以达到目标，也要坚持完成后续改进的工作，持续提升用户体验，让用户对产品“上瘾”。其次，要注重用户关系的维护。许多企业简单地认为，产品一旦销售出去，交易就完成了，既不情愿和消费者沟通，也不理会消费者的反馈，完全没有把维护用户关系纳入企业运营的整体战略中。这种短视行为在激烈的市场竞争中是极端错误的做法。最后，要充分利用社交媒体。运营者在营销的时候，要以内容为本，把素材当成生命线，多为用户开发参与节点，注重互动。

微信和微博的区别是显而易见的，如果企业把微信当成营销的平台，就等于走进了死胡同。基于用户通信录而天然存在的好友关系，使微信更适合作为企业面向用户的服务平台。

小米的微信服务号下设有最新活动、自助服务和产品三个标签。用户随意点击一个标签，都能得到方便快捷的自助服务，不但可以查阅订单和服务点位置，还可以任意咨询产品信息。

小米的微信服务号曾经在粉丝增长到 80 万的时候，由于后台消息量过大而崩溃。但他们很快通过公众账号的 API 接口开发了专门的客服后台，保证多客服同时在线，并实现信息共享。他们还对用户反馈的关键词进行了设置，使后台能够通过智能回复来解决大部分问题。2013 年，小米的微信消息总量突破了 5000 万大关，其中人工处理量仅占 10%。小米的后台还有个自动抽奖功能，一般的抽奖活动都是通过这一后台随机完成的，为了保证活动的公开公正，所有的抽奖过程都会被制成视频上传到社区给用户观看。

小米公众账号的粉丝有 60%来自官网的引流，30%来自微信的活动推广，剩下的 10%来自对外合作，所以活跃度极高。2013 年 5 月，当粉丝累积到 60 万的时候，小米第一次尝试在微信上发 F 码（给重度用户的邀请码）。没想到仅仅一天的时间，发放数量就达到了 45 万，粉丝增长 25 万，1 小时内，销售额突破了 5500 万元。2013 年 7 月，红米在 QQ 空间的完美发布，给小米带来了信心。2013 年年底小米继续与腾讯联手，通过微信做了“小米 3”的销售专场，15 万台小米手机在 9 分 55 秒内被一抢而光，同时为其带来了 180 万的粉丝增长量，小米的总粉丝量达到 440 万。

小米的经验是，策划活动能够带来大批粉丝，活动的形式越复杂，越不利于粉丝的增加。在公众账号的运营中，仅靠奖品来激励粉丝是远远不够的，运营者需要持续不断地创新，设计更多新颖的活动形式。活动的形式要尽可能利用社交媒体自身的属性。比如，微博运营者要用有趣的内容和物质激励，去刺激用户转发；QQ 空间运营者则需要吸引用户去点赞；知乎平台是晒技术回答用户疑难的地方；而微信的使用和手机密不可分，它有一项重要的功能是语音。

小米很快针对微信的语音功能做了有趣的尝试。2013 年圣诞节前后，他们推出了微信“吼一吼”的创意活动，用户只需要对公众账号发送“我爱小米手机”的音频就能参与活动。后台系统根据音量进行逻辑判断，按照分贝排名。分贝越高的用户中奖概率越大，还能赢取优惠价格的米兔玩偶。由于活动新鲜，上线后很快就取得了不俗的成绩。超过 30 万用户向公众账号吼出了“我爱小米手机”，很多用户还吼了不止一遍，甚至有用户为了争夺分贝排名而声嘶力竭地狂吼，引来邻居的投诉。最后，小米的 1 万个米兔玩偶在数分钟内被抢购一空。

小米的元老级人物黎万强曾在“新媒体的商业化和产品化”主题大会上，发表过一篇关于企业如何运营自媒体的演讲，我们可以从中找出小米手机之所以能够大获成功的营销秘诀。

黎万强提出：“今天是一个社会化媒体传播的时代，大家面对的信息都是碎片化的，大家的时间也碎片化了。”每一个公司的发展都应该适应这个时代的特征，尽可能快速地让自己转型成自媒体。

小米是如何通过自媒体运作获得营销成功的呢？

微信用户接受信息的方式是嵌入式的，更倾向于“我每天都能看到你”，用户更关心故事，而不是口号。以前，企业更依赖于广告公司，把创意和营销策略外包出去，研究好一个口号，然后通过销售渠道用广告和宣传密集性地轰炸目标用户。这种营销模式已经不再适合当今的市场需要。

小米的口号是“为发烧而生”，虽然推出这个口号，却并不是按照传统的广告思路把它挂在嘴边的，而是通过身体力行来见证这种追求卓越的精神。小米在很多场合表示对产品性能的在意，然后自然而然地产生出很多碎片化的故事。在传统的广告营销时代，企业做一个策划案，往往不到一年就失效了，而成为自媒体之后，每天都在产生信息。企业的微信营销不是做广告，而是要做内容。

黎万强认为小米的成功归功于以下四点。

第一，要把公司转型成自媒体，就要把它当成核心战略来做，要花力气组建一个运营团队专门做自媒体内容。

第二，企业做自媒体，先做好服务再开展营销。用户关注一个企业的公众账号，源于服务的推动。比如，用户关注某手机厂商，往往是源于对其某种服务的需求，客服、咨询、维修的推动力最大。小米的运营团队只有 70 人左右，80%都在做客服。在当下，所有做自媒体内容运营的企业，都有一个简单的方向，就是先做好服务。

第三，企业做自媒体要坚持每天上头条。在今天的微信平台上，所有能被用户看到的信息都是按照时间来排序的，企业稍微懈怠马上就会淹没在信息的洪流中。小米在这一点上下足了本钱，青春片大行其道，他们紧跟步伐，做了一个小米青春版。韩剧《来自星星的你》横扫中国，他们就在食堂贴通知，请所有员工吃炸鸡、喝啤酒。

第四，让员工成为粉丝。小米的很多员工就是小米的铁杆粉丝，市场、研发、测试、客服人员都深入了解企业产品并认同企业文化。只有员工使用自己的产品，热爱自己的产品，才能把这种对产品的信心传递给用户。所以说，企业找到真正懂产品的员工是很关键的。

第七章

微信订阅号如何吸引更多用户

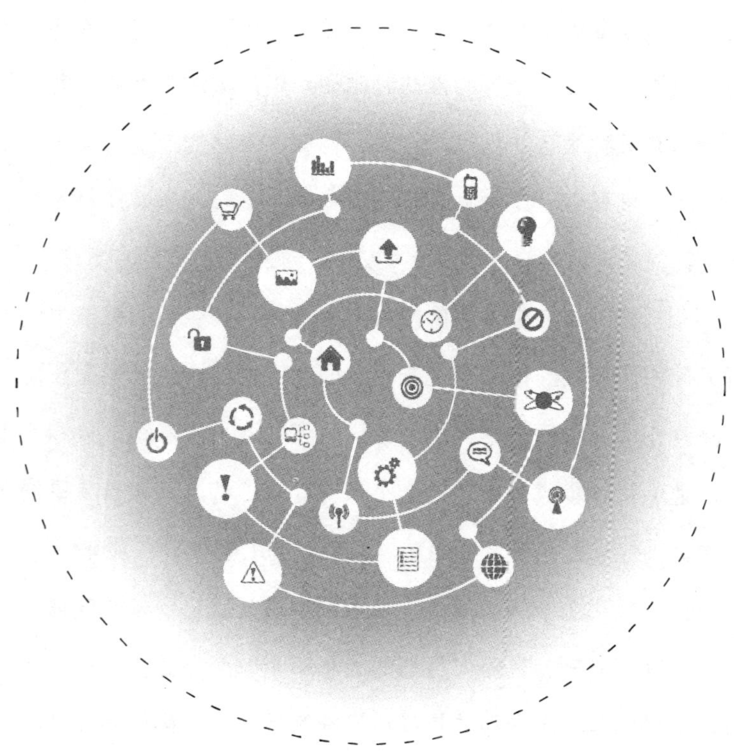

如果你目前还不知道如何发布微信订阅号的内容，只是处于跟随他人脚步的阶段，你就应该积极地学习并掌握一些发布微信内容的技巧，这样才有助于通过微信内容吸引更多用户。众所周知，随着时代的进步，微信和移动互联网在人们日常生活中发挥的作用越来越大，如何有效地将微信资源与移动互联网整合起来，并进行有效营销，成为当下众多企业需要思考的问题。

由于微信具有一定的封闭性，而网络又具备熟人圈子的性质，因此它们在微信订阅号推广方面有着其他方式无可比拟的优势。微信平台各方面的功能全面开放，很多功能在进行新一轮的应用升级，由此可以预见，未来微信将为传统行业带来巨大影响。企业在微信运营初期，应该将更多的精力放在微信订阅号的运营上——通过订阅号更容易积累基础用户。所以，企业应该厘清思路，对微信订阅号的运营进行详细规划，争取吸引到更多用户。

微信订阅号最主要的就是发送内容的选择，优质内容可以为企业微信吸引更多的用户关注，有利于扩大用户基数，同时还能使用户对企业的品牌产生好感和信任，增加用户黏度，为订阅号积聚更多用户。

第一节
企业微信订阅号运营秘诀

如今，微信运营对企业的发展来说至关重要，企业要获得更快速的发展，就必须积极填充自己的微信公众账号，企业微信订阅号的运营也是微信公众账号运营中十分重要的一项。但是，要在企业微信订阅号的运营方面取得优势，就必须了解微信订阅号的本质是什么。在读懂微信订阅号的本质之前，可以先了解一下“订阅”的本质。

“订阅”其实就是指利用众多内容展示来吸引和获得用户，并使企业与用户形成有效互动，从而通过用户的订阅产生客观收入。微信订阅号的本质则是通过企业微信营销来提升企业的影响力以及企业的对外形象。

相对于微信公众号来说，微信订阅号可以说是处于二级页面中，这样无疑增大了读者的搜寻难度。在这种情况下，有什么理由让读者在众多订阅号当中去寻找你的订阅号，阅读文章呢？如果你的订阅号发送的都是广告、商品促销信息，读者必然不愿意花费时间去阅读和订阅，因为这些内容在读者看来是没有太大利用价值的。因此，在运营微信订阅号时，必须走精品路线，精简自己所发送的内容。

就目前的互联网形势而言，网络用户的购买行为存在着太多的不稳定性，如果用户不具备固定购买频率，那么对商家而言，要精准掌握用户的消费习惯就变得十分困难。这对挖掘用户消费潜力以及影响潜在用户来说非常不利。但是，微信订阅号却可以很好地解决这种问题，因为用户的订阅习惯基本是固定的，所以他们的订阅以及习惯就相对稳定，商家便可以通过此种方式清楚地了解到用户的购买偏好，还可以以此了解到更多的用户信息。这样便于向用户推送更多的商品促销信息，逐步渗入用户的交际网络。

所谓微信订阅模式，其实就是通过微信订阅号向读者提供优质阅读内容，通过用户关系的维护进行内容销售，读者会在一定时间内收到你的服务以及产品信息。在国外，订阅销售已经在众多领域得到普遍运用，从高档手表、名鞋名包和高档化妆品到女士内衣裤袜等，都获得了巨大成功，并逐步形成了一个良好的订阅模式。企业的微信订阅号运营也有着几个重要秘诀。

（1）了解订阅号和服务号的区别。

企业的微信订阅号每天都可以发送一条信息，而微信服务号却只能每周发送一条信息。因此，对于小企业来讲，用微信服务号来发送信息显然是不可行的，因为如果一个月只发送几条信息，那么用户很快便会将你遗忘。当然，除此之外也要看企业的具体需求，因为服务号具备远超订阅号的超强功能。比如，服务号可以申请自定义菜单等。

（2）知道微信对企业有什么帮助。

微信营销的根本内容就是互动，传递有效价值，维护企业与新老客户之间的关系。但目前有一部分企业将企业的微信号当成宣传工具，并按时推送广告信息，这种微信号根本不具备强大的生命力。

（3）利用好信息中的“阅读原文”。

这一项内容很容易被企业忽略，因为这是一个细节问题，所以很多人都不会去注意。众所周知，目前微信信息根本不能放入超链接，只有在“阅读原文”这一项才可以实现超链接。因此，企业不仅可以通过“阅读原文”发送超链接，链接以前发送过的优质内容，还可以为企业的微信订阅号吸引用户。

（4）在微信公众平台设置关键词自动回复。

企业可以利用微信号的自动回复设置，将每次发送的内容都进行关键词设置，如输入“123”查阅《微信运营与营销一本通》，输入“wzml”，查看文章目录等。除了这些设置，企业还可以在微信号的“实时消息”栏中查看用户提的问题，将一些问题进行归纳与整理，然后利用关键词设置的功能，为用户推送答案，从而为用户节约更多的时间。

（5）微信二次开发。

如果企业想通过微信号为用户提供更多有价值的信息和使用功能，那么只能通过二次开发来实现。比如，用户查询产品信息，或是借助客户关系管理系统为用户提供消息提醒等。

很多业内人士纷纷提出建议，企业的微信号应该与手机网站结合起来，如回复关键词“企业简介”，就可以直接通过连接口将有关企业的手机版简介发送到企业微信号中。

（6）每次利用微信订阅号推送微信时不能多于3条图文消息。

如果推送太多内容，必然会失去重点，而如果想告诉用户一件事情，那么仅发一条信息就足够了。一定要保证所发信息中的图片内容不能过多，3张以内是最合适的，图片大小也要控制在50KB以下，这样才能保证最快的图文信息打开速度，保证用户的阅读效率。

企业微信订阅号运营最关键的是推送内容的质量，内容的质量越高，分享的人就越多，这样就会形成病毒式的营销，迅速积累起用户群。

（7）微信互动是关键。

企业微信经常会出现掉粉的事情，虽然这是在所难免的，但是企业需要做的就是尽可能地去满足用户的需求。如用户可以通过企业微信查询该企业的产品信息，申报产品故障，目前很多银行的微信都可以为用户推送消息提醒，在用户消费或取现时，提供信息提醒。如果条件允许，企业一定要设立专门的微信服务中心，以方便为用户提供服务。

企业必须明确沟通互动的对象，用户对企业越了解，信任度就越高。这种了解包括企业的地理位置、人员信息、营业状况，等等。

（8）让客户主动加微信有哪些办法。

任何企业要在极短的时间内获得大量粉丝，都必须依赖于媒体。如企业官方网站、微博、企业宣传册、网络广告等，只有动用尽可能多的渠道进行宣传，企业才可能在最短的时间内获得最多的用户关注。

同时，企业一定不能忘记员工个人微信的力量，要懂得借势。如果一个员工的朋友圈中有 200 名朋友，那么企业的 100 名员工加起来就拥有 20 000 名朋友，这些都是潜在的用户资源。因此，员工参与分享企业内部的微信可以帮助企业扩大推广范围。可以说，这是企业推广的捷径。

（9）模仿是学习微信运营最快的一招。

如果企业想在最短的时间内学会微信运营，那么模仿无疑是最快的路径。企业可以从比较出名的微信公众账号那里“取经”，获取运营经验。比如，企业可以在“添加朋友”这一项查找知名的微信公众账号：淘宝鬼脚七、金错刀，等等，通过观察其信息推送进行学习，以此来提高自身的微信运营效率。

企业还应该积极关注存在竞争关系的微信公众号。如果关注了 100 个具有竞争关系的微信，那么将多出 100 个教你如何做好微信运营的老师，将它们的运营方法进行优化。竞争对手往往是最好的老师。

（10）善用微信中的“数据统计”。

很多关于微信运营的问题都可以通过数据分析进行深入了解，比如企业推送的消息是否受到用户的欢迎。通过数据统计，就可以了解到企业粉丝数量的增减，了解到企业用户的实际情况，通过“用户属性”还可了解到订阅用户的详细信息，如年龄、性别、喜好，等等；通过“图文分析”，还可了解到信息推送的真实情况，如消息的点击人数、原文页阅读人数，以及信息的分享转发人数。

（11）分组管理客户。

企业的消息推送往往以群发模式进行，这时客户的分组管理就显得尤为重要。企业在群发时，可以根据不同的组别发送不同的信息，这样可以提高信息的针对性，尽量符合所有用户的口味。比如，关注苹果手机的客户，喜欢的内容可能与关注三星手机的客户不一样。所以，分组管理客户，可以帮助企业在消息推送过程中节约时间，提高信息的推送效率。

第二节
微信订阅号订阅模式的类型及增值服务

在过去，人们可以通过提前支付一定的费用获得牛奶、报刊的送货服务，实现足不出户坐等收货的愿景。如今，随着互联网信息技术的飞速发展，人们只需通过关注的微信订阅号发送几条信息就可以直接订阅自己想要的东西。这种订阅方式，就是微信订阅模式。

所谓微信订阅模式，简单来说就是企业通过自己的微信订阅号向客户推送一定的消息内容，通过客户关系进行内容销售。订阅关注企业产品的客户便可以定期收到来自该企业推送的产品、服务和各种信息。在国外，这种订阅销售模式已经取得巨大的成功，并逐渐深入到各个领域。

有人会问这样的问题：微信的订阅模式是否可行？毫无疑问，答案是肯定的，不仅可行，而且大有可为。

以下三种原因可以证明这种订阅模式的可行性。

第一种，目前，企业对消费者的消费心理普遍把握不足，在这种情况下，企业利用微信订阅号与用户进行直接沟通，展开一对一的交流，无疑可以极大地降低用户的消费风险，最大限度地激发用户的购买欲望，以很低的宣传成本吸引较多的客户，同时了解用户的消费心理。

第二种，如果用户关注了某家企业的微信订阅号，就表明他对这家企业产生了好奇心理，希望了解这家企业，知道更多关于这家企业的信息。这种情况下，用户一旦形成了某种消费习惯，就很难发生其他变化，就会形成反复购买。这对企业来讲是百利而无一害的，可以保证企业与用户之间形成黏性互动，从而促进企业产品的销售。

第三种，企业可通过订阅用户的个人资料定期向用户推送企业的产品信息和各种优惠活动，还可借此渗入到用户的交际网络中。由此可见，微信订阅号为企业的订阅销售开创了崭新的局面，并能推动企业迅速发展壮大。微信订阅号的服务模式主要分为以下几类。

（1）微信订阅号管家式服务。

微信订阅号可以帮助企业为用户提供管家式服务。这里所说的企业微信订阅号指的就是一些具备规律性消费的商品类别，比如，酱油、米、纸巾、清洁剂、沐浴乳等，甚至包括纸尿布。对于合适的消费类别，这种模式的效果最明显：消费者利用微信直接购买这些消费类别的商品，不仅可以参加优惠活动，而且一旦用户将这些商品用完，新的货物就可以及时地自动上门。例如，Kiwi Crate 和 Babba Co，就是专门为儿童提供 DIY 手工艺品订阅服务的。

（2）微信订阅号亲情式服务。

微信订阅号的亲情式服务，主要秉持“真诚、自然、和谐、亲切”的原则，获取用户对产品和服务人员之间的情感共鸣。这些通过微信订阅号来实现是十分容易的。企业还可以利用语音和视频，对用户进行节日祝福，等等。随着互联网的发展，城市人的生活节奏越来越快，致使人们对亲情的渴望越来越强烈。因此，企业通过微信订阅号为用户提供亲情式服务，必然会赢得更多的用户关注。

（3）微信订阅号顾问式服务。

简单来说，顾问式服务从客户的角度出发，根据客户的实际问题，为对方提供可行性方案。对于企业而言，微信订阅号顾问式服务就是企业与客户进行有效沟通，然后给出可行有效的解决方案。有一个案例可以很好地证明顾问式服务为企业带来的巨大作用——Shoe Dazzle女鞋网站。如果初次登陆 Shoe Dazzle 女鞋网，你可能不会立即发现它的与众不同，但随后它会向你提出十多个问题，包括你从事的职业、你的年龄、喜欢的牌子、喜欢的时尚风格、喜欢的颜色、鞋码，等等。这时，网站主人的专业性便得到了充分体现，网站所提的众多问题，只有真正懂鞋的人才会提出。最后，系统会根据提交的信息推荐几款符合要求的鞋子供选择。它可以通过消费者对问题的回答，分析出消费者对鞋子的具体需求，从而针对不同用户提供不同的产品供对方选择。现在，微信订阅号顾问式服务就可以利用微信为用户提供这种服务，让用户拥有专享体验。

（4）微信订阅号情境式服务。

微信订阅号的情境式服务，就是指可以根据现实世界所提供的信号、地理位置、在线活动等为用户提供各种服务。你在社交网站比如微信上发表了一些信息，都将由企业直接收集到，然后对方会根据你所提供的信息，为你提供定制服务。简单来说就是：如果在你驾车外出时，你的车坏在了路上，这时你只需发一个状态在 LBS 网站上，或许马上就会有一家附近的修理厂联系你，为你提供修车服务；如果你在微信上发表一条想外出旅行的信息，那么有旅行社会主动联系你，为你提供最佳的出行方案；甚至是你跟女朋友吵架了，你利用微信向鲜花公司说一下情况，对方就可以立即联系你跟你女友，并为你们送上鲜花祝福。

（5）微信订阅号保姆式服务。

微信订阅号保姆式服务可以为用户提供贴心的服务。比如，有的商家就通过微信订阅号销售男士袜子、内裤等，但他们进行的不是直接销售，而是通过订购进行销售，就是根据时间间隔进行发货。比如，你通过微信订阅号在网上订购了一条内裤，而微信订阅号知道你每过半个月便会换一条，因此就会在你进行更换的前几天将内裤邮寄给你。这对于不愿意外出逛街的宅男们而言，简直太贴心了。类似的案例还有美国的婴儿用品电商 Citruslane，只要通过微信订阅号向其订阅，它每月都会为新晋父母提供礼物包裹，每个包裹的产品都是按照宝宝当前的年龄精心准备的，十分适用。Citruslane 网站所提供的包裹，无论是哪个年龄阶段的，里面都装有四五种婴儿产品，以及该年龄阶段的育儿知识。按月订购的售价是一月 25 美元，按年订购的售价是一年 250 美元。

（6）微信订阅号优惠信息。

这种订阅模式可以为用户提供更多的优惠信息，让用户享受到更多实惠，从而形成循环购买。当然，优惠活动不能无休无止，要有限度，这样才能使顾客一直保持购买兴趣。

（7）微信订阅号信息增值服务。

微信订阅号信息增值服务指的是企业利用微信订阅号后台的数据统计功能，记录大量的用户信息，然后对这些信息进行深入分析，以便找出消费者的消费特征，从而为用户提供更具针对性的服务。所以，企业应该善用微信订阅号的数据统计功能，充分利用手头上的客户资源。同时，企业还要考虑引入更有效的数据挖掘方法，深入了解用户的信息，以便可以根据用户的消费特征设计营销计划，为提供信息增值服务做好准备；加快对现有用户信息服务需求的开发速度，然后通过优惠促销活动加强用户对微信订阅号信息增值服务的兴趣，培养用户对微信订阅号信息增值服务的良好使用习惯。

（8）客户需求专家解答客户疑难咨询。

微信订阅号中的商品很多都具有很强的专业性，但商品的本质意义并不是商品本身，而是它可以为用户带来什么样的体验。例如，名牌产品可以为用户带来更好的体验以及品牌价值认同感等，其他的商品也是如此。针对这点，做得最好的莫过于杜蕾斯了。它的微信订阅号每周都会根据用户的问题做出回答，形成一个问答集锦，这些内容具有很高的浏览价值，并且对用户具有足够的吸引力。

综上所讲，企业必须合理利用自己的微信订阅号，以此为媒介加强对市场和消费者的研究，对市场和用户进行细分，以便找出核心用户，同时对市场进行定位，找出目标市场。简单来说，就是通过“个性化商品”去满足“市场的个性化需求”。但是，最关键的还是要用心去揣测用户的消费心理，用微信订阅号中的数据去分析用户的消费特征。不仅要对用户的需求进行细分，还要对这种细分进一步深入，找出多层次、多样化的用户需求点，这样才能打造出有针对性的产品和服务，适时推出满足用户更多需求的“超级产品”，在细分市场中拉动用户需求，获取更大利益。

第三节 微信订阅号的八大误区

企业最宝贵的资源就是用户。一般来讲，任何成功的企业必然拥有丰富的用户资源以及市场运作经验，并且极为重视用户的维护工作。如果企业能够利用微信订阅号对用户进行有效维护，那么必然可以获得一举多得的效果。对企业自身的运营而言，通过微信订阅号来进行用户维护工作无疑更为新颖，并且没有任何附加费用，宣传周期还长。最主要的是，可以为企业节省用户维护成本，以最小的代价来提升企业的整体形象。如果企业拥有丰富的客户资源，并对微信订阅号进行了规模化开发，企业必然会获取丰厚的收益。但是，要实现对微信订阅号的有效利用，就必须运用好企业的微信订阅号，掌握微信订阅号的运营技巧，规避错误使用。一般而言，企业对微信订阅号的使用往往存在着一些误区，致使企业收获不到应有的效用。具体来讲，微信订阅号存在八大误区。

（1）内容多没有价值。

很多企业对微信订阅号的内容推送存在一个错误的认知，那就是认为内容多读者就喜欢。这使得很多企业微信订阅号十分“自恋”，每天推送的内容至少有 5 篇文章。阅读一篇短文章就需要 5~10 分钟，阅读 5 篇短文章就需要花费 25~50 分钟。如果要阅读长篇文章，一篇就需要 30 分钟，那么阅读 8 篇文章则需要花费 4 个小时，而一天的工作时间才 8 个小时。

这就表明有很多文章的内容是不适合读者阅读的。对读者来说，这些文章就是没用的垃圾，阅读它们既浪费时间，又耗损大量的流量。因此，针对这种没有任何收益的阅读，读者会果断地取消关注。

（2）路边小广告。

很多企业微信订阅号推送的内容，一打开就会弹出一些小广告，先是通过图片广告，将公司的标志加进去，企图以此增加读者对公司的熟识程度。更有甚者，在文章中“见缝插针”地增添广告内容，在文章的结尾添加一个企业公众账号的二维码，还要再添加一条求分享的广告发送到朋友圈。

很多企业推送一篇文章就要添加四五个广告，这完全是没有考虑读者的感受。谁愿意长期关注这种订阅号呢？读者必然会十分干脆地取消关注。

（3）坚持“沉默是金”，并且雷打不动。

众所周知，企业订阅号的主要作用就是进行宣传，这就要求企业必须保证订阅号的活跃度。如果订阅号长时间保持沉默，就成了死号，自然就没有人关注了。读者关注一个订阅号，是因为可以满足自己的某些需求，如果某个订阅号满足不了读者的任何需求，他们必然会果断将其放弃。

（4）内容冗长，排版不规整。

其实，微信推送内容稍微长一些“无伤大雅”，但是如果排版不规整，那带来的影响就会十分恶劣，将影响到读者的阅读效率。

对于手机阅读而言，微信订阅号推送的内容必须空出一定的位置，这样才能便于阅读。一般三至四行文字，空出一点间隔会比较好，这样利于读者阅读。

（5）不与读者互动，没有任何感情色彩。

目前，微信公众号已经超过 200 万个，这说明读者的选择空间越来越大，如果发现更优质的内容，必然会去关注那个公众号，这样就有可能要取消当前的公众号，这就会为企业带来读者流失。那么企业应该如何自救呢？主要是增加公众号的人情味，感染读者，让其拥有一种归属感，这样会形成长期关注。

增加企业公众号的人情味，最好的办法是提高公众号与读者之间的互动频率，只有利用高效率互动增加公众号的人情味，才能改善企业与粉丝之间的关系。其实，这个道理非常简单，同朋友之间的交往一样。你同一位朋友经常一起出游，而同另外一位朋友一年半载也见不上一次面，很显然，你同第一位朋友的关系要好过第二位。微信上的交流与互动，也是这个道理。

（6）推送内容中心点不明确。

很多企业的微信订阅号不管质量的好坏，只要是内容就直接推送，根本不进行分析，甚至不知道所发内容是不是读者喜欢的。企业微信订阅号必须聚焦自己的内容，明确内容的中心要点，将行业里的内容进行合理聚焦，这样才能吸引更多读者的关注。

因此，企业微信订阅号想聚集什么样的读者群，就要发送什么样的内容。也就是说，所发内容一定要抓住读者的核心需求。

（7）没有任何新意，毫无亮点。

很多读者在关注某个微信订阅号后，发现其内容没有任何新意，毫无亮点，也没有原创高质量的内容，没有表达出要聚焦的内容，从而不予关注。由于没有任何亮点的内容，引不起读者兴趣，所以没有人愿意关注是十分正常的。因此，企业微信订阅号想吸引更多的读者，就一定要保证内容的新意，做出亮点。

（8）无人提供服务，提出的问题无回复。

有的读者会关注很多微信公众号，并对这些公众号进行深入研究，而且会经常提一些问题，以观察所关注的公众号如何进行服务。但是，他们提出的很多问题都不能得到及时回复，甚至是永不回复。这就是企业对读者的不重视，导致大量读者取消对公众号的关注。这种企业必然得不到读者的长期关注，时间长了就会变得无人问津，最后彻底消失在人们的微信里。

就目前的微信发展情况而言，微信读者的选择越来越多，如果微信订阅号做得不好，读者必然会弃其而去。如果企业想要自己订阅号的读者越来越多，就要做好内容推送，将高质量、高聚焦、高品质服务的内容呈现给读者，从而吸引越来越多的读者关注，壮大自己的粉丝队伍。

第四节 应对微信订阅号折叠的三大举措

虽然微信 6.0 早已经上线，但是影响力依然比不上微信 5.0，因为微信 5.0 的发布可以说是微信发展生涯中的一个分水岭。微信 5.0 之后，腾讯又推出了微信订阅号和服务号，供用户选择。很多企业结合自身特点和优势，纷纷选择了更具竞争优势的订阅号。随着微信的快速发展，使用人群与日俱增。微信的统计后台可以看到“粉丝数和互动数”，经过详细地数据分析，在微信订阅号折叠之前，有些企业微信订阅号的粉丝数量每天保持数百个增长，互动量也达到了 200 条左右。但是，在微信订阅号折叠之后，企业微信号粉丝数量的增长速度骤降，从以前的每天数百个降至 50 个左右，互动量更是一度为零。

这给了很多企业一些警示，以致企业都在想办法改变这种现状，并进行了积极探索，至少要做到遏制这种状况的继续发展。通过一些改进，企业微信订阅号的粉丝关注增长数量再次回到了百位左右，它们在运营策略上打破了当前的这种折叠束缚。针对订阅号折叠的举措主要有以下三种。

（1）在内容质量上。

最近微信发布的内容跟微信 5.0 版发布的内容大同小异，基本上每天都会推出一个专题栏目，内容仅有三篇文章，全都是围绕着一个主题展开论述的，并且从不同角度进行深入解读，与金字塔逻辑相吻合。三篇文章之间都有相互联系，可以让读者在阅读中有所收获。在此之前，微信运营商也要进行一定的线下推广，所取得的效果相对较弱一些。因为有些内容只通过了口头交流与沟通，所以导致效率低下，且让操作复杂化了，最后往往是进展缓慢。比如，某些微信运营活动或者纸质宣传等，虽然这些文章里面都植入了二维码，但一直没有引起读者的真正关注，因此，只能通过现有的微信读者进行分享和转发，才能快速提升微信文章的读者数量。毕竟口碑的力量是无穷无尽的。所以，在起初制定策略时，企业的微信订阅号就要注重内容的质量，一定要从主题选取、策划和编辑方面入手，增加内容的看点，吸引读者的关注，让他们主动分享。

怎样做才能实现微信的成功营销，将企业微信上的读者群体彻底转化为商机呢？针对这一点，很多企业都有着一定的诉求。最好的做法，无疑是在具体的操作步骤上去影响用户。微信内容主要是根据用户满意度进行合理运营的，如果用户对内容不满意，那么他必然不会关注你的微信，所以企业要运营好微信，就必须得到用户的认可，满足他们的需求，这样才有可能抓住商机，实现微信的高关注度。同时，在微信内容的运营上，也要进行适量的广告植入，这时的广告植入一定不能以寻常方式进行，必须进行观点式呈现，只有结合用户的痛点进行植入，才能提升用户的阅读体验，让用户主动进行微信关注，如此才能保证文章的打开率，获得更高的点击量。

通过这种方式，企业的微信订阅号每周都会增加 3~5 个商机用户，这种用户的产生必然会顺带着商机的产生，这样不仅能得到用户的好感，也能在推广过程中吸引更多用户对企业微信订阅号进行关注，起到一石二鸟的作用。

（2）在推广方式上。

企业微信订阅号的运营一般属于 B2B 行业，同时也会专注于某一领域，因此必须对用户的定位非常清楚才行。这就要求在前期粉丝的增长上，必须提出严格要求，不能盲目追求粉丝数量的快速增长，导致无效粉丝的出现。针对当前的微信功能和内容，企业必须加强员工对企业微信业务的关注，保证员工在与用户进行交流互动时，吸引用户关注企业微信，并让用户主动阅读企业微信订阅号上的文章。

如果企业内部的员工都对企业微信订阅号关注不多，就更难吸引用户的关注。因此，企业要充分利用员工的触点资源，这样才有利于企业微信内容的推广和宣传，以便吸引更多的用户。这种方式并不是无偿进行的，企业必须与各种业务的营销要求同微信有效结合起来，才能保持员工的工作积极性，造就共赢局面。

（3）在运营策略上。

因为企业的微信订阅号一天仅可以推送一次信息，所以企业必须对推送的内容精挑细选。除了在内容上进行区别选择，每天中午 12 点到下午 1 点之前的时间段进行信息推送是最合适的，因为这段时间是大多上班族的休息时间，用户通过手机进行阅读的频率较高。当然，行业不同完全可以选择不同的推送时间。但是选择好推送的时间段之后，不能随意更改，因为固定的推送时间，有利于培养用户的阅读习惯，保证用户可以准时阅读企业的微信，这样才能最大限度地提升用户与企业微信订阅号之间的黏度。

当然，除了确定微信信息推送时间，在微信推送内容的标题处理、图片选取，甚至广告植入等方面，都有着可供选择的技巧。但是，所有这一切都必须是以用户为导向，从用户的视觉和认知上对用户的阅读欲望进行开发，这样才能让用户主动打开微信并主动分享。因此，尽管微信订阅号的折叠会带来一些不利影响，但利用这些方式进行适当处理，必然可以将企业的微信订阅号做得很好。

第五节
如何做微信订阅号推广

未来，微信的营销模式属于投递式，这与微博的广布式完全不同，对粉丝质量的要求会更高一些——需要真实的粉丝，更需要粉丝带来的真实反馈。因此，企业必须对微信订阅号进行准确定位，然后根据精准人群进行微信订阅号的推广，传播自己的微信二维码。通常，做到以下几点，就可以保证自己微信订阅号的新增关注度保持稳步增长。

（1）以微带信。

当前，企业如果想做微信订阅号推广，完全可以借助产品官方微博起初的受众基数，对微博的图像二维码进行更新，然后进行大力推广，并发布关于微信订阅号推广的新内容，利用微博大号带动微信的推广运营，从而为企业的微信订阅号带来一大波真实受众。当然，做这些之前，必须将企业的网站进行全新升级，通过二维码进行视觉引导，然后还要开启短信互动活动，这样才能在活动过程中利用各种赠送活动吸引读者的参与和关注。

（2）男人靠“摇”。

微信帮助很多宅男实现了自己的梦想，所以也诞生了摇一摇这种颇具趣味的交友模式。因此，企业微信订阅号如果想成功引起人们的好奇心与交友欲望，就必须充分利用这种模式，制定合适的传播主题计划，然后利用摇一摇的方式将这种可以引起他人好奇的内容传播出去，这样就可以在很短的时间内得到大量的摇一摇好友，其中超过60%的“摇友”会转化为微信的粉丝。因此，企业可以利用人们的好奇心理进行阅读引导，这样便可以为企业的微信订阅号留下一部分读者，然后通过话题互动和活动推介，增加读者对企业微信的黏度。

（3）女人靠“漂”。

大量事实证明，一种快消品的受众不可能完全是男性，如果全部是男性受众，那么在产品的下一次口碑传播中的影响力就会无限削弱，因此，为了弥补这种缺失，企业微信订阅号必须规划出可以吸引广大女性朋友的活动，微信漂流瓶就是一个很好的选择。通过微信漂流瓶，企业微信可以扩大自身的影响力，同时可以扩大传播人群的范围，这种模式也存在着一定的缺陷，那就是转化率明显比不上微信的摇一摇功能。然而，这也不失为一种增加企业微信订阅号粉丝的有效方式，通过这种方式，也可以在极短的时间内，聚集起相对可观的受众。

（4）无活动不营销。

在进行微信订阅号推广时，一定不要单纯发送硬性广告，这样只会使好友转化率越来越低。因此，企业在进行微信订阅号推广时，必须与一些有新意的活动互相配合，这样广告就不仅仅是广告，而会升级为一种类似交友聚会的活动。

企业也要保证这种活动像故事一样被读者传递下去。这就要求企业必须将各种宣传手段打造成移动式交流，让读者的故事进行自我传播，不过企业必须要附赠小礼品，这种模式才能快速吸引读者，增加企业微信订阅号的关注人数。如果将这种模式配备精美的图片，那吸引力还会暴增，可以为企业在极短时间内聚集更多的用户。

由此可见，微信定位对于微信订阅号的宣传十分关键，宣传渠道则更重要。企业微信订阅号传播的内容是不是读者的菜，会直接影响到他们是否会扫描企业的二维码，对内容进行关注。因此，企业只有注重微信的营销活动，才能为企业微信吸引到足够多的用户。

当然，如果是大 V、网络红人，并且拥有丰富的用户资源，那么就可以直接通过自己的影响力进行宣传。

（5）名人微信公众账号推荐。

很多微信订阅号曾获得过丁香园网站 CTO 冯大辉的小道消息推荐、微创新思想提出者金错刀的微信公众账号推荐，并增长了至少上千的粉丝。如果你也有被类似的知名账号推荐，而你的内容也不错的话，那么你也能在短期内迅速增长不少粉丝。

（6）媒体资源推荐。

很多媒体类型的微信订阅号，在首次进行粉丝聚集时，都会选择从其他网站进行导入，如虎嗅网等科技性质的微信订阅号，它们都是直接在自己网站上植入二维码，让用户通过二维码对微信订阅号进行关注。

另外，还有一种方式就是通过知名互联网评论人增加企业的微信关注度，比如金错刀、程苓峰等，他们基本上都具备很丰富的互联网编辑经验，并且已经形成了自己的观点。所以，很多网站都会邀请他们来自己的网站发布文章，利用他们的名气来吸引用户，增加企业微信订阅号的被关注度。

第八章

微信支付的推广与应用

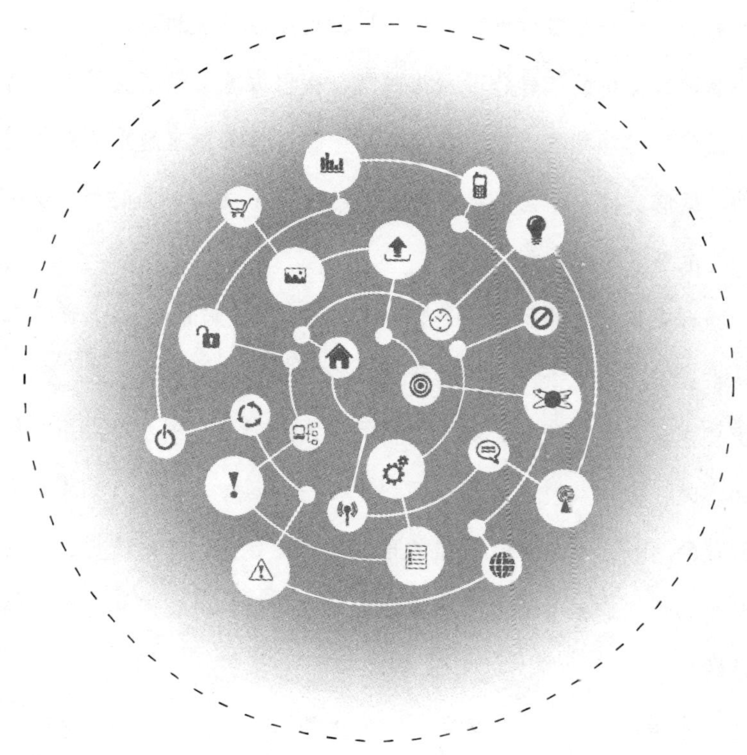

随着互联网信息技术的快速发展，传统支付方式已经跟不上时代发展的脚步，于是各种网络支付手段如雨后春笋般涌现出来。如今，人们对网络支付的依赖程度越来越高，相信大家对微信支付也不再陌生，微信支付功能在人们的日常生活中也发挥着越来越重要的作用。例如，微信支付可以让用户在聚会时实现 AA 支付，同时还可以在打车、买电影票等时发挥作用。

拉开微信支付帷幕的则是腾讯大力推行的“微信红包”。微信红包自从出现便以迅雷不及掩耳之势“入侵”了广大用户的手机，并进行了疯狂刷屏。事实证明，腾讯推出的这款新产品受到了广大用户的欢迎和喜爱，微信红包的传播范围一直在向外延伸，很多人都参与到微信红包的争抢活动之中。腾讯的这项举措无疑为人们的支付方式带来了深刻影响，它推动着支付方式的变革与创新，并逐渐成为全民热议的话题。

如今微信支付对人们的吸引力越来越大。

微信支付的主要亮点是它具备娱乐性以及游戏性。当今社会信息资源泛滥，呈现一种杂乱无章的发展趋势，没有任何特点可言。这时，它便需要一种娱乐化的传播平台进行传播，对于年轻人而言，微信支付的方式无疑能最大限度地激发起他们的传播欲望，尤其是在这个过程中还加入了一些金钱的色彩，这使得微信支付已经超越了传统支付的范畴，上升为一种带有感情色彩的社交游戏。

第一节
微信平台支付功能的开通与运用

腾讯集团副总裁张小龙说："有了微信支付，用户就拥有了一个随身携带的移动钱包——智能手机，这给用户的交易带来了很多方便。同时，用户不仅可以通过微信跟好友进行信息共享，还可以利用微信支付购买自己喜欢的产品与服务。"

微信支付，是针对智能手机而设计的全新支付体验。只需要绑定银行卡，就可以通过微信在各种商店应用中简单快捷地进行各项货款支付。微信支付很好地解决了商业场景在手机中的闭环问题，这让电商和实体商家体会到了巨大的便利，因此得到了他们的青睐。在腾讯看来，微信支付不仅仅是支付，它还是与公众平台构成线上线下支付闭环的必要条件。比如，在用户购买某件商品后，还可以对这款商品的公众账号进行关注，随后便可以收到相关的商品信息推送，然后形成再次购买。

当然，微信支付的最大价值并不仅仅是形成相关购买力，而是对用户进行深层次地挖掘，在原有基础上对用户形成深度服务，将用户与微信平台深度连接起来，用户可以通过微信将自己喜欢的商品进行推广和传播。所以说，支付不仅是支付，它还是通过微信支付这种行为带来的消息推送与共享，体现了社交网络的有效传播与用户的深度关怀。

随着微信公众平台覆盖范围的持续扩大，各类微信商场和微商如雨后春笋般冒了出来。但无论是实体店铺还是虚拟店铺，卖产品还是卖服务，都离不开支付这一环节，大的互联网平台基本都有自己的支付功能。

2014 年 3 月 4 日，腾讯公司宣布微信支付正式对外开放，这为微信公众平台带来了更高的人气，无疑使其在平台的发展上更进一步。可见，支付功能对公众平台发展的重要性，尤其是微信公众平台，其重要程度更是不言而喻。

应该怎样将微信支付功能与微信公众平台有效连接起来呢？可以从以下几点着手。

（1）直接接入微信支付。微信平台运营者可以直接在微信官方开通微信支付，而要开通微信支付，首先，要拥有一个微信服务号；然后要在微信公众平台上申请认证，之后才能进行微信支付的申请，当所有程序完成后，微信支付就可以直接开通使用了。如果利用这种方法开通微信支付功能，必须在微信公众平台进行认证（一般情况下认证费用为 300 元，认证失败照样收费，如果认证没有通过要进行下次认证，就得再掏 300 元）。同时，微信平台运营者还需要缴纳保证金 20 000 元。微信支付开通之后，就可以对微信公众平台根据自己的需要进行自由开发。

（2）利用微信二次开发商的平台开通微信支付。大部分微信二次开发公司已经逐步拥有了用户支付功能，在微信公众平台上开通支付模式更简单，只需将微信公众号直接设置为开发模式，然后将支付模式与开发平台实现有效对接，二次开发平台就可以拥有支付功能了。

（3）在微信公众平台中连接微网页，利用微网页吸引用户利用微信支付进行第三方支付，也就是将用户带出平台，将收款接口与网页连接起来，直接实现支付。常规的方法有将自己的收款页面直接与网页连接起来，或者将企业申请的收款页面与网页连接起来，但这一方法存在着一些小问题，在用户体验方面还有待提高。同时，要注意第三方微信支付存在的安全隐患，防止钱财的盗窃损失。

（4）通过第三方 APP 收款。当前，有些微店已经推出了自己的APP，这无疑为平台运营者开通支付功能带来了极大的便利，他们只需要在 APP 上将需要出售的商品或服务直接上架，然后将 APP 生成的支付页面与公众平台连接起来即可。这种支付功能为用户带来了很好的体验。但是平台运营者在利用这种方式开通支付功能时，必须注意选择信誉好的公司，这样才可以保证微信支付的安全性。

综合分析，要在微信公众平台实现支付功能，首先要考虑的是交易的安全问题以及用户的体验。无论平台运营者选择哪种支付模式，交易安全和用户体验必然是首先要解决的问题。所以，平台运营者想获得更好的发展，就必须结合自己的实际情况进行深入考虑，选择适合自己的支付模式进行连接，这样既能保障资金和交易的安全，也能为用户带来更好的体验。

目前，包括手机充值、买飞机票、缴水电费、去超市买生活日用品、买家用电器、图片打印等都可通过微信实现。对实体店的商家而言，类似于大众点评这种互联网用户生活消费平台与微信支付一体化的营销方式，将虚拟世界与现实世界的人和物紧密结合在一起。以大众点评为例，它利用微信账号体系，直接与微信支付功能进行了深度连接，为商家和用户带来了极大的方便，受到广大用户的欢迎。大众点评在接入微信支付不到一个月的时间里，网站交易额增长了近 7 倍。它在接入微信支付的前两周，只用过两次微信支付的用户占到了用户总量的 16%，用过三次的用户占到了 7%，但后两周的交易数据出现了明显变化，用两次微信的用户数量占到 20%，用三次以上的则占了 10%。这表明很多用户已经开始改变自己的支付习惯。值得一提的是，大众点评接入微信支付后，为用户的团购体验带来了更多的便利，而微信支付对于移动旅行用户来说，也极大地降低了支付的门槛，提升了用户的支付体验。同时，微信支付与其他支付方式相比较，在安全方面也更具优势。另外，微信支付与中国人民财产保险公司联合推出了 100%全赔保障计划。如果用户因为使用微信支付而产生了资金损失，那么所有损失将由中国人民财产保险公司（PICC）负责赔偿。

目前，微信支付的支付场景越来越多，易迅网有扫码支付体验、微信支付可购买收费的电视节目、彩票和电影票等，甚至还可以通过微信控制室内的空调，进行温度调节等。就目前来看，用户对于微信支付在各方面的接受程度都在迅速提升。以友宝为例，目前友宝前后投入超过 1 万台自动售货机与微信支付连接在一起。地铁票务的运营也逐渐与微信支付结合起来，使微信支付在总交易额中占到了 25%，同时也使得地体票务的总收益增长了 10%。

由此可见，微信支付正在逐步影响着人们的生活，并将持续为人们的日常生活带来更多积极的影响。

第二节

微信卡包的功能与优势

随着互联网商业的逐步发展，电商行业的发展速度也越来越快，微信一直都在致力于连接线下商家践行 O2O，并为此做出了诸多积极的努力。2014 年 10 月，微信再次推出了一项重要功能——微信卡包。微信卡包到底是什么呢？

微信卡包可以收纳电子卡票券，可以满足人们在日常生活中的各种支付需求，是一种移动社交的 O2O 解决方案。微信卡包支持的电子卡票券有：商品优惠券、火车票、电影票、手机充值卡等。

除此之外，微信卡包还拥有 5 大能力。

（1）收纳展示。它可以将全部卡券收纳起来，统一放置，方便在平时购物时取用，还可以在购物时将这些卡券展示给商家，进行直接消费，既方便又快捷。

（2）社交转赠。这种功能分为两种。

一是客户端转赠，这种转增方式就是在领取到一个卡券之后，可以将其分享到微信朋友圈，如果别人将其领取后，你将失去这个卡券。

二是 API 转赠，这种转增方式就是通过二次开发，最终达到更高级的转赠。比如，购买几本电子书，直接发送到朋友圈里，让朋友们去抢，谁抢到了就是谁的，这跟微信红包差不多。

（3）消息通知。这种通知主要分为卡券失效通知、后台插入通知（在领到优惠卡券时的消息提醒）、超时回退通知（某些卡券发送到朋友圈里，经过一段时间没有人领取，这些卡券就会自动退回，并以消息形式提醒用户）、转赠领取与过期提醒（在卡券过期前，卡包会自动推出消息提醒，让用户注意，以免出现卡券过期情况）。

（4）自定义卡。用户在购买卡券时，可以根据商品类型自行选择购买哪种卡券。比如，购买电影票时，可根据自己的居住区域以及想去的影城、想看的电影类型等进行选择，以满足自己的个性化需求。

（5）门店管理。这种功能主要是针对卡券的申请、制作、发放和核销等方面进行的。

发送卡券方式：公众账号推送的卡券消息、某些商场自行发送的卡券消息以及线下扫码（厂商发送的广告、小票以及商品条码等，都可以通过扫码获得）。

核销方法：机器核销（使用可以进行扫码的电子设备）、PC 端输入相应号码核销（第三方开发者后台可以直接进行核销）、公众号核销，还有直接消费。

卡包还拥有 API 接口，主要是：创建卡券、用户领取、卡券服务和管理等，这就为第三方开发者带来了很多便利。

2014 年 11 月 12 日，微信将卡券方面的相关体验进行了调整升级，让用户拥有了更多选择，开放了更多申请类别，同时增加了诸多相应类目。这种调整为商户在卡券的制定方面提供了更多便利。

通过上述信息，可以对微信卡包有一个直观的了解，微信卡包在连接线下商家上有什么优势呢？

（1）商家学习成本低。目前，很多线下商家的老板都不具备互联网思维，因此让他们通过微信公众号去吸引自己的粉丝，做自媒体，无疑十分困难，并且很难做出什么成绩。通过微信卡包发放优惠券就不一样了，因为他们在以前的经营过程中，总会用优惠券来招揽客户，转移到微信卡包优惠券上也算轻车熟路，虽然形式不一样，但根据以前的经验，必然可以取得不错的效果。最主要的是，优惠券对用户来说，是最简单有效的。

（2）发券门槛低。线下商家以前用来招揽客户的基本是纸质优惠券，纸质优惠券需要经过多个步骤才能发放到顾客手里，并且在统计时十分麻烦。而通过微信卡包制作和派发优惠券的操作流程十分简单，商家只需通过公众号后台提交相应的资料，待审核通过后，就可以直接在线派发，用户在领取优惠卡券时也十分方便。同时，商家如果想得到用户卡券使用的相关信息，直接在后台就可以查看相应的数据统计，可以了解卡券发放所取得的实际效果。

（3）方便用户保存。以前商家使用的都是纸质优惠券，这样会给客户带来很多麻烦，比如携带不便，或是因为忘记使用而过期。微信卡包中的电子优惠券很好地解决了这类问题，现在人们出行，可以不带钱包，但不能不带手机，因为手机基本上已经可以完成一切支付了。

（4）引入社交体系、利于传播。电子优惠券使用方式完全打破了以往的玩法，如果某些优惠券自己用不到可以直接送人，甚至可以购买优惠券送人，将优惠券的价值发挥到最大。

微信卡包除了一些实体钱包不具备的优势，还为用户和商户提供了更多便利，通过以下两个实际案例就可以看出。

（1）点点客信息公司通过后台对商户进行了详细的数据分析，以前使用量排在第一的网站功能已经逐渐下滑，红包和优惠券功能的使用情况得到了明显改善，已经稳居功能使用榜的前列。这说明商家对微信的认识越来越深刻，已经从简单的基础使用向深度功能使用的方面发生了转变，已经开始探索微信公众号和微信支付带来的价值。

（2）国美电器曾经对纸质优惠券的使用做过详细统计，其使用率只有万分之五左右，微信卡包中的各类优惠券的使用率却可以达到百分之几，甚至高达百分之十左右。可见，微信卡包优惠券带来的优势已经彻底颠覆了以往的模式。

微信卡包各方面的优势，使得微信与线下商家的联系越来越紧密，微信卡包也将为人们的生活带来更大的便利。

第三节 微信的支付模式和未来

微信支付开放之后，形成了两种主要的支付方式：一种是直接在微信上进行商品购买，然后利用微信进行支付；另一种则是线下商家提供出售商品的二维码，然后用手机扫码再行支付就可以了。也就是说，用户不仅可以通过微信平台购买自己想要的商品，还可以在实体店铺中扫描二维码利用微信直接支付。随着信息技术的发展，微信的支付模式越来越丰富，越来越便利。目前，微信支付主要分为扫码支付、APP 内支付以及公众号支付三种模式。

第一种，扫码支付。通过微信“扫一扫”功能，用户就可以直接得到所需商品的信息以及价格，然后通过微信支付可以完成付款。比如，自动售货机运营商友宝与微信展开了积极合作，合作项目就是扫码支付。友宝自动售货机中的每件商品都有着独属的二维码，用户只需用手机对二维码进行扫描，就可以自动进入微信支付页面，进行支付操作，之后所需商品就会从售货机中弹出。整个过程耗时不超过 1 分钟，特别方便。

第二种，APP 内支付。简单来说，APP 支付就是用户在使用第三方平台进行消费时，可以通过微信支付进行付款，目前已经有很多公众平台接入了此项功能。例如，大众点评就与微信展开了这方面的合作，通过 APP 内支付，实现用户与商家的交易。如果用户要寻找吃饭的地方，就可以通过大众点评手机客户端找到距离最近的餐厅，还可以使用微信支付进行餐费结算。

第三种，公众号支付。例如，《参考消息》数字订阅中心，可以让用户直接通过微信公众号进行支付，订阅《参考消息》。用户可以直接通过微信账号“参考小秘书”，选择自己需要的“购买订报卡”，选择合适的期限，如一年、半年、季度等付费项目。完成支付后，就可以直接订阅。

随着微信公众平台的逐渐完善，微信支付功能也越来越齐全，给人们带来越来越多的便利。未来，微信支付将以更高级、更方便的支付手段作为依托，演变出更先进的支付模式。目前，已经形成几种较为便利的支付模式。

（1）近程远付模式。微信推出的“服务号+微信支付”的模式，可以帮助商家在“近程远付”场景中实现线上与线下的全面整合，还可以帮助商家整合现有资源，让企业自身与微信完全连接起来，从而形成各种有效的体系。比如，会员体系、社群体系，等等。由此可见，与网上购物和网上支付的“远程远付”模式相比，微信支付有着十分明显的优势，它可以在实体店购物，在网上进行支付，实现了“近程远付”。比如，消费者在超市中可通过扫描二维码进行在线支付。

（2）指纹支付。微信的版本一直在不断地更新，以全面完善其各方面功能。微信的新版本在支付方面做出了突破，推出指纹支付，从根本上解决了因为手机丢失或账号泄密而产生的资金盗窃问题。在指纹支付功能的辅助下，用户使用绑定的银行卡进行付款时，将不用再输入任何密码，直接通过指纹就可以完成交易。“指付通”所具备的指纹支付方式，可以让用户在付款时，不用通过银行卡或现金，甚至不用输入密码，只需在支付设备上用手指轻轻一按，系统就会自动对该指纹进行扫描辨认，并找到相关的绑定付款账户，然后用户只需要输入身份识别码就可以直接完成支付，贷款由商户直接从该账户中扣除。

（3）微信 POS 机。微信在完善线上支付功能的同时，还将在线下推出 POS 机——微 POS，这样就可以为用户的线下支付提供更便利的解决方案。微信 POS 机的使用流程就是用户在选择好所需商品后，告知柜台的导购员，然后导购员利用微信 POS 机进行商品选取，之后系统自动生成二维码，用户只需通过微信的“扫一扫”功能对商品的二维码进行扫描，然后输入微信支付密码就可以完成支付。

（4）摇一摇支付。2013 年 9 月 18 日，腾讯的支付平台财付通宣布，微信中的摇一摇功能与二维码两者结合就可以实现转账支付。一种方式是利用微信的摇一摇功能，找出目标用户，然后通过财付通的转账功能进行转账。这种支付场景和模式的运用范围越来越广，它适用于好友之间的聚餐、KTV 等集体活动。另一种方式则是直接通过扫描与微信绑定的银行卡所形成的个人二维码完成支付。二维码扫描和支付的结合为用户带来更多便利，实现了“即拍即买”的商品销售流程，只要用户看到商品的二维码，然后进行扫描，就可以进行商品的购买和支付。

综上所述，相关专家认为，微信支付可以说是微信全面开放的最主要的一步，它的开放为第三方公众平台的支付问题提供了十分实用的解决方案，让众多线下商家低门槛获得了数亿级用户平台连接起来的机会。对于用户而言，众多商家的接入，将为其带来更多的服务场景，丰富他们在日常生活中的购买行为。对于行业而言，其不仅拥有了亿级的开放平台，同时还拥有了超强的支付能力，这必然会为微信支付功能的完善奠定坚实的基础，对用户未来的生活带来深刻的影响。今后，微信支付将应用于生活的方方面面，而且微信支付不只是支付工具，也将日渐成为人们的一种独特的生活方式。

微信支付的出现，及时解决了移动电商迫切需要解决的支付问题，同时，为移动电商生态的形成带来了更多可能。腾讯董事局主席马化腾对微信支付进行了这样的定义：只需将银行卡和微信账号绑定起来，就可以通过微信满足生活中各个方面的支付需求，更简单、更快捷地完成支付，同时为更多的商业场景提供一个更好的支付解决方案。微信支付不仅是支付工具，还是生活必需品，它的出现让移动支付有了更为完善的解决方案。

“如果仅仅作为一个工具，那么支付发展到最后，很可能会出现与其他支付产品互相重合的地方。”腾讯微信产品部助理总经理曾鸣曾说过，“腾讯一直在进行这样的思考，如何让微信支付在电商交易中形成一个具备生态性质的闭环。”微信企图将用户购买的场景，即将登录、筛选商品、支付、到货通知、商家与用户互动、用户分享商品信息等几个环节打造成一个支付闭环。

在腾讯看来，传统电商就是一条水沟，如果用一桶水的流量冲过来，这个水沟会被瞬间灌满，这桶水流走之后，任何东西都剩不下。但加入微信平台之后，就会有一个服务公众号进行这方面的服务，这个服务公众号可以承载每个用户的信息，并帮助商家去接触用户，与用户形成良好的沟通，然后发一些相关的支付通知等，这些都是电商急需的，而且公众号每吸纳一个用户，就像储存了一滴水。只要提供更好的体验以及服务，微信这个“蓄水池”中的水就会不断增加，这就使得消费者资源被直接保存了起来。

微信团队认为微信公众号就是一个用户关系管理工具。其实，这正是微信团队希望表现出来的信息，它让用户认识到微信的这种价值。曾鸣表示：“我们希望微信可以带给用户更多的方便，为用户提供他们真正需要的功能，这样才能体现微信的价值，才能形成一个良好的闭环。同时，我们还希望微信支付可以为广大电商提供一个比较大的蓄水池，供他们积蓄自己的‘水’资源。”

据了解，微信的支付功能正在逐步对外开放，易迅网、友宝自动售货机集团、大众点评等多家企业已经陆续接入，微信支付的应用场景已经越来越丰富。例如，大众点评通过微信的账号体系，直接接入了微信支付功能，受到了用户的一致好评。在接入微信支付不到一个月的时间里，大众点评的交易额增长了近七倍。大众点评产品及运营副总裁姜跃平表示：“通过微信服务公众账号以及微信支付，大众点评有效地解决了移动支付问题，并可以通过公众号对用户发送相关通知，用户则可以在朋友圈中进行相关分享，这就逐步形成了一个良好的闭环。”

第四节

微信支付改变了6大行业

2013年8月9日，微信5.0正式在腾讯的应用市场发布，这个版本将微信的支付功能进行了全面强化和完善。微信的扫一扫功能，将线上线下、人与虚拟网络完美地结合了起来。微信已经深入融入人们的生活之中，这种融入一直在持续，对互联网用户的线上线下生活产生了深刻影响。微信产品部副总经理张颖表示，通过微信支付，人们可以直接为手机充值，也可以购买电影票、火车票，还可以为付费的电视节目进行支付等。可见，微信改变的不仅是支付方式，也不只是用户的生活方式，还改变了已经接入微信支付的各行各业。目前，微信支付主要改变了六大行业。

（1）智能电视——微信智能遥控器。

电视产业已经步入智能电视时代，微信的出现，正好解决了智能电视的智能遥控问题。通过微信，人们可以直接对电视内容进行切换或搜寻，实现看享结合的智能体验。比如，年轻人为家里的老人买了智能电视盒子，但老人们不会用，这时应该怎么办呢？将电视打开，便会出现一个二维码，用手机通过微信对二维码进行扫描，实现与电视的有效连接，这样老人们就可以直接通过智能手机完成电视节目的筛选、收藏与支付等，最终找到自己想看的电视节目，彻底摒弃了操作遥控器的烦琐过程。

通过微信，还可以将看过的电视分享到朋友圈里，让朋友们免费观看。甚至在看完电视节目后，微信会发送消息通知，告诉你剧中的演员喜欢听的歌曲、喜欢看的书籍、喜欢的颜色等，这些人们可以选择不看，但如果感兴趣，就可以直接通过微信支付进行购买。

（2）自动售货机——微信支付让钱包彻底成为过去式。

例如，出差时，到了外地人生地不熟的，在需要购买一些零食或饮料的时候，因为不知道附近有没有超市，所以无法实现购物需求。好不容易找到友宝自动售货机，又发现身上没带钱，这时只要有手机，拥有微信账号，在友宝自动售货机上扫一扫，就可以购买需要的东西。

目前，自动售货不再局限于地铁站或火车站、飞机场等地的自动饮料售货机，友宝的自动销售机已经与药店、便利店、酒店等连接起来，为用户带来了更多的便利，让用户可以通过微信购买到各个场景下的生活用品，满足日常生活需求。

友宝中国区总裁李明浩说：“我们一直在努力为消费者提供各种场景下的服务，但效果总是不理想。直到与微信支付展开了合作，才使得这种情况在根本上发生了改变，让人们的线上线下生活变得更为便利。”

（3）餐饮消费——随时随地更优惠。

如果你在街上走累了，想吃东西了，就可以通过微信进行相关搜索，查看“附近门店”（餐厅），然后通过微信进行搜寻，就可以得到距离最近的餐厅信息，包括餐厅的详细地址、路线以及更多详细信息。到了餐厅之后，可以不通过服务员自行下单，挑选自己喜欢的菜品。

（4）微信购物——永远不累的逛街时代来了。

商家可以为商品制定二维码，这样就可以让用户通过扫描二维码进行支付，为用户提供更简单便捷的支付体验。对于品牌商而言，卖出去的商品都可以直接形成一个连接口，可以直接为厂家带来更多的收入。对于用户而言，通过微信可以直接在网上看到真实的商品，既方便购物，还可以将好东西分享给好友。

易迅网产品总监马弘烨说：“对于整个微信团队而言，微信就是将人们与虚拟世界联系起来的工具，微信就是促使人与商品连接起来的桥梁。我们希望微信可以成为服务用户并与他们进行沟通互动的工具，这样它就会发挥更大的功用，而不仅仅是作为流量入口存在。未来的电子商务在支付方面必然会逐渐实现去中心化，因为只有这样才能形成良好的支付闭环，为人们的生活带来更多便利。”

（5）虚拟信用卡——手机钱包购物更优惠。

例如，用某银行信用卡进行消费时，就可以通过微信来完成支付。这种信用卡在周三用于吃饭的刷卡消费时可以享受 5 折优惠，如果直接通过微信进行支付，还可以在 5 折的基础上再优惠 5 元钱。另外，还可以通过微信找到附近的门店，进行消费购买等。还有一点就是，可以通过微信将自己享受到的优惠发到朋友圈，让朋友们也有机会享受到一定的优惠。如今，我们出门可以不带银行卡，直接利用手机上的微信支付就可以完成各种消费支付。

中信银行客户部总经理罗隽说："除了微信服务，很多业内人士普遍认为信用卡是进入人们日常生活的重要入口。我们一直在积极地采取各种方式展开优惠活动，希望信用卡用户可以将这种优惠信息分享给他们的朋友。在金融行业，人们普遍认为，优质客户带来的客户必然也是优质客户，而微信支付便可以更好地作用于这种场景，为用户提供更多便利。"

（6）交通事故理赔——微信支付可以更快、更便捷地处理好理赔事项。

随着微信的更新换代以及其功能越来越完善，支付功能越来越强大。现在，人们可以通过微信了解道路的实时状况。交警也在微信的使用方面做出了重要突破——交警微信号成为交警处理相关交通事件的秘书，一旦有车主出现任何违章信息，交警微信号就会直接显示。此外，驾驶证还可以直接设置相关提醒信息。比如核验和过期提醒，等等。

如今，便民型微信公众账号的功能已经得到了更好的完善，并且可以随着人们的多场景需求逐渐趋于立体化，将服务对社会的影响力快速提升。这正是微信正在努力去实现的事情。

广州市公安局交警处副处长傅贵指出：“我们交警处正在利用微信具备的优势和特点，将广州市交警微信号逐步打造成市民出行的好帮手。”同时，他还希望交警处可以通过微信为城市的交通营造更好的环境，为市民提供更好的交通服务。

近年来，很多科技媒体人士都注意到，微信支付的逐步完善为移动支付的闭环发展提供了更多可能，或许会彻底冲破线上线下的诸多限制，比如时间、空间等。人们可以在地铁、火车站等一些公共场所，通过微信来获取关注的信息，在线分享自己的收获和最近情况，利用碎片时间进行线上消费。这种即时、随兴的购物体验将为用户提供更多便利，大大地提高人们的生活效率。